WESTEND

Armin Reller/Heike Holdinghausen

WIR KONSUMIEREN UNS ZU TODE

Warum wir unseren Lebensstil ändern müssen, wenn wir überleben wollen

WESTEND

Mehr über unsere Autoren und Bücher:
www.westendverlag.de

Dies ist die dritte, komplett überarbeitete und aktualisierte
Neuauflage des Buches. Die Inhalte in diesem Buch sind von
Autoren und Verlag sorgfältig erwogen und geprüft worden,
dennoch kann eine Garantie nicht übernommen werden.
Eine Haftung der Autoren beziehungsweise des Verlags und
dessen Beauftragten für Personen-, Sach- und Vermögens-
schäden ist ausgeschlossen.

Die Deutsche Nationalbibliothek verzeichnet diese
Publikation in der Deutschen Nationalbibliografie;
detaillierte bibliografische Daten sind im Internet über
http://dnb.d-nb.de abrufbar.

Das Werk einschließlich aller seiner Teile ist urheberrechtlich
geschützt. Jede Verwertung ist ohne Zustimmung des Verlags
unzulässig. Das gilt insbesondere für Vervielfältigungen,
Übersetzungen, Mikroverfilmungen und die Einspeicherung
und Verarbeitung in elektronischen Systemen.

MIX
Papier aus verantwor-
tungsvollen Quellen
FSC® C083411
www.fsc.org

ISBN 978-3-86489-049-9
© Westend Verlag GmbH, Frankfurt/Main 2013
Umschlaggestaltung: Buchgut, Berlin
Umschlagabbildung: Christina Kuschkowitz
Satz: Publikations Atelier, Dreieich
Druck und Bindung: CPI – Clausen & Bosse, Leck
Printed in Germany

Inhalt

1 Stoffe erzählen Geschichten

Wer existiert, konsumiert. Jedes Lebewesen macht sich in komplexen Wechsel- und Austauschbeziehungen seinen Lebensraum zunutze. Neben Sauerstoff, Wasser, Licht und Wärme brauchen wir Menschen auch Nahrung, Kleidung und ein Dach über dem Kopf. Die Menge der (Roh-)Stoffe und Materialien, die wir benötigen, um diese Grundbedürfnisse zu erfüllen, hat im Laufe der Zivilisationsgeschichte enorm zugenommen. Aus der ganzen Welt schaffen wir sie herbei. Darüber hinaus haben wir uns eine beinahe unüberblickbare Anzahl von Materialien, Produkten und Gerätschaften dienstbar gemacht. Und jetzt geht es munter weiter: Die Werbebotschaften für die verschiedensten Basis-, Wohlstands- und Luxusgüter leuchten in jedem Winkel der Erde. Konsum ist der Motor der Weltwirtschaft. Rund um die Uhr, zu Land, zu Wasser und in der Luft werden Waren auf der Erde bewegt und gehandelt, gekauft, verspekuliert, gehortet, gestohlen, verschenkt, verhökert oder weggeworfen. Was wissen wir über die Zusammenhänge zwischen den Stoff- und Güterströmen und all den damit verbundenen legalen, versteckten oder gar kriminellen Geldtransaktionen? Müssen wir uns um die komplizierten Hintergründe dieses Warenstroms kümmern? Wir wollen kaufen, was wir brauchen, was uns Spaß macht und was wir uns leisten können.

Wir müssen es sogar! Die »Konsumlaune der Deutschen« wird von Steuerschätzern, Wirtschaftspolitikern und Firmenchefs misstrauisch beäugt, ist sie doch ein Antrieb für das Wirtschaftswachstum, auf dem unser gesamtes Gesellschaftsmodell beruht. Wie fragil dieses System ist, zeigt die Wirtschafts- und Finanzkrise, die vor allem Südeuropa nun schon seit Jahren erschüttert. Der Handel mit Frankreich, Spanien und Italien ist eingebrochen, seit die Arbeitslosigkeit dort wächst und die Investitionen sinken. Bislang konnte die deutsche Industrie das kompensieren, indem sie ihre Waren den konsumhungrigen Schwellenländern wie China oder Indien verkaufte. Doch nicht ohne Grund mahnen Politiker und Unternehmer an, Europa müsse schnellstens auf den Wachstumspfad zurückkehren: Sozial- und Altersversicherung, Steuer- und Finanzsystem, sie alle sind bislang auf stetiges Wachstum angewiesen. Geht man von neuesten Berechnungen aus, leben und konsumieren wir so, als stünden uns zumindest 1,4 Planeten zur Verfügung. Die Weltbevölkerung verbraucht also in einem Jahr so viele Ressourcen, wie unser Planet sie allenfalls in 1,4 Jahren zur Verfügung stellen könnte. Wie kann das immer weiter funktionieren, auf wessen Kosten und um welchen Preis?

Das »Habenwollen« begann in grauer Vorzeit. Schon im Neolithikum, in der Steinzeit, haben sich unter den wenigen Menschen, die damals die Erde besiedelten – Höhlenbewohner, Jäger und Sammler –, wohl erste Ansprüche unterschiedlichster Art ausgebildet: Ein schönes Bärenfell, die leuchtende Schminke aus den an der Flussbiegung freigeschwemmten gelben, braunen und roten Sedimenten oder eine aus einem wohlgeformten Flintstein gearbeitete Speerspitze könnten Objekte der Begierde gewesen sein. Vorerst handelte es sich um regionale, natürliche Produkte. Doch einerlei ob Pflanzen, Holz, Jagdbeute oder Baustoffe konsumiert wurden, schon bald ging es nicht mehr nur um den Ge- und Verbrauch, sondern um den Besitz der guten Dinge. Die Urmenschen der Gattung Homo sapiens sahen sich schon früh durch Lebensumstände und Naturkräfte gezwungen, durch Neugier und

Hoffnung mobilisiert, ihre Welt als Nomaden zu erforschen. Auf ihren Erkundungszügen trafen sie auf neue Landstriche, fremde Pflanzen und Tiere sowie Stoffe mit unbekannten Eigenschaften. Sie erlernten, sie zu nutzen, zu horten oder zu meiden. Sie erweiterten ihr Wissen und ihre Besitztümer. Das fortschreitende Verständnis um das Vorkommen und die Beschaffenheit, die Verarbeitung und Verwendung von Rohstoffen war dabei die Grundvoraussetzung für kulturelles Leben sowie für die Herausbildung größerer und komplexerer gesellschaftlicher Strukturen. Das spezifische Wissen über den Umgang mit den natürlichen Gegebenheiten, dem Klima, den nutzbaren Pflanzen und verfügbaren Bodenschätzen wurde stetig erweitert und in den sozialen Strukturen der ersten Hochkulturen tradiert und konserviert. In kleinen Mengen gefundenes Gold, Silber oder Kupfer wurde zu Werkzeugen, Schmuck, Waffen oder Devotionalien verarbeitet. Das Tonbrennen wurde erfunden, Rezepturen und Verfahren für die Herstellung und Konservierung von Nahrungsmitteln sowie das Anfertigen von dem Klima angemessener Kleidung entwickelt und das Wissen weitergegeben.

Es dauerte nicht lange, bis diese urtümlichen Produktionsgüter über die regionalen Kulturgrenzen hinweg in friedlicher oder kriegerischer Weise ausgetauscht wurden: Der Tauschhandel erblühte. Geld kam als abstraktes Zahlungsmittel erst vor zirka 2 600 Jahren ins Spiel; bei den Phöniziern als Silberbarren, in den ost- und südasiatischen Kulturen als Kaurischnecken, bei den Ägyptern als Ringgeld aus Metall. Während aber die Güter und Naturalien in der Regel ihre Herkunft oder ihre Entstehungsweise durch spezifische Merkmale und Eigenschaften aufzeigten und so zumindest einen Teil ihrer Entstehungs- und Handelsweg-Geschichte offenbarten, verwischte das Zahlungsinstrument Geld diese Kontexte. Der Preis richtete sich nach der Verfügbarkeit, der mehr oder weniger aufwändigen Herstellung und Beschaffung, sicher auch schon nach der Begehrlichkeit seitens des Händlers oder Käufers. Die Möglichkeit, mit symbolischen Werten nützliche Alltagsgüter erstehen zu können, veränderte das ehemals auf Naturalientausch beruhende System grundlegend: Wirtschaftsinstrumente und -institutionen wurden erfunden und etablierten sich in vielfältigen Formen.

Schon im dritten Jahrtausend vor Christi beruhte die Wirtschaft der Sumerer im Zweistromland im heutigen Irak und in anderen Frühkulturregionen einerseits auf einer ausgeklügelten Nahrungsmittelversorgung auf der Basis der Dreifelderwirtschaft, andererseits auf handwerklichen Fertigkeiten, insbesondere auf der Kenntnis der Herstellung von Werkzeugen und Waffen aus Kupfer. Kupfer wurde durch Erhitzen von Kupfererz mit Holzkohle gewonnen. Da diese Rohstoffe nicht überall vorkamen, mussten sie schon sehr früh mühselig über teils große Strecken transportiert werden. Sie wurden je nach Sichtweise exportiert oder importiert: Das Kupfererz stammte aus Minen im Sinai – später bekannt geworden als »Salomos Minen« – und in Afghanistan. Das für die Metallgewinnung benötigte Holz wurde im Quellgebiet von Euphrat und Tigris gefällt und nach Ur geflößt. Zum Abrechnen wurden die herbeigeschafften Baumstämme gezählt. Als Gedächtnisstütze wurden bald abstrakte Zeichen erfunden, die in Ton- und Wachstäfelchen in Form kleiner Relieflandschaften eingekerbt als Vertrag und als Abrechnung zu Bedeutung kamen. Später hat sich daraus die Keilschrift entwickelt, als Handelsschrift.

Um den Wert eines Baumstamms beurteilen zu können, mussten die sumerischen Handwerker herausfinden, wie groß unter optimalen Bedingungen die Kohleportion ist, die aus einer gegebenen Holzportion produziert werden kann. Genauso wichtig war es zu wissen, in welchem Verhältnis die Kupfererz- und Kohleportionen stehen müssen, um eine maximale Ausbeute an Kupfer zu erzielen. Zur Bewertung der Rohstoffe sowie der erzeugten Materialien waren also die Relationen zwischen Holz und Kohle sowie zwischen Kohle, Kupfererz und Kupfer entscheidend. Auch das Verhältnis des Wertes von Brot zu Kupfer spielte dabei eine Rolle, um die eingesetzte Arbeitskraft abgelten zu können. Die Stoffäquivalente ließen sich durch Wägung bestimmen, doch um deren maximal nutzbare Werte zu erreichen, war auch handwerklicher, oder wie wir heute sagen würden, chemischer Sachverstand und Ingenieurwissen erforderlich.

Es war also sehr mühsam, eine Streitaxt oder eine Pflugschar mit Naturalien zu bewerten und zu bezahlen. Durch die Erfindung der Bronze als Legierung von Kupfer und Zinn oder anderen zusammengesetzten Materialien und Produkten wurde alles noch komplizierter. Deshalb wurde der Handel – insbesondere über die Kulturgrenzen hinaus – durch die Einführung von Geld auf der Basis bestimmter Stoffportionen der allgemein geschätzten Edelmetalle Gold oder Silber, später auch Kupfer oder Bronze, enorm erleichtert. Gold eignete sich besonders gut als Zahlungsmittel. Es wurde in elementarer, metallischer Form in der Natur gefunden, war aber damals schon selten. Wenn es nicht mit anderen Metallen legiert wurde, war es »unveränderbar«, überstand auch Feuer, konnte gelagert werden und machte reich. Noch heute wird Gold als verlässliches, sicheres Zahlungs- und Währungsmittel gebunkert und gehandelt, das eine Mal virtuell an den Rohstoffmärkten der Börsen, das andere Mal – in weit geringerem Maße – physisch: die Blasenwirtschaft lässt ein erstes Mal grüßen.

Heute verstellt uns das Zahlungsinstrument Geld den Blick auf die Entstehungsgeschichte eines Konsumguts. Nicht der Wert, nur der Preis, das Erscheinungsbild und die Funktion eines Produkts interessieren. Der Wert einer Banane schließt die Mühen des Erntearbeiters, des Plantagenbetreibers, der Kassiererin im Supermarkt ein. Spiegelt ihr Preis das wider? Zahle ich als Konsument neben den Arbeitsmühen die Hektoliter Wasser, die zur Bewässerung der Plantage eingesetzt wurden, die Gifte gegen Insekten und Unkräuter sowie den Dünger, die den Boden belasten und später das Grundwasser? Oder den Dieseltreibstoff für den Transport und die Kühlung, das für die Verpackung in Form von Kunststoff verbrauchte Erdöl, das im Karton steckende Holz? All diese Materialien begleiteten den Weg der Banane aus der guatemaltekischen Plantage in den aus bengalischem Bast kunstvoll gefertigten Früchtekorb einer ganz normalen Vierzimmerwohnung in Stuttgart. Die Banane entpuppt sich als facettenreiches Produkt eines hoch organisierten Wirtschafts- und Handelssystems, zu einem Preis von einem Euro pro Kilo. Zweifelsohne könnte diese Bananengeschichte mehr erzählen, als uns Konsumenten lieb ist: Sie entblößt uns als gedankenlose Genießer. Wir sind in der bequemen Situation, uns diese Gedankenlosigkeit leisten zu können. Wie Produkte hergestellt, gehandelt und genutzt werden, welche Geschichten sie mit und in sich tragen, können wir vermeintlich ungestraft ausblenden. Allerdings kann das nur ein kleiner Teil der Weltbevölkerung, denn die Güterströme fließen nur in die Richtung der Konsumzentren, dorthin, wo das Geld ist.

Doch bleiben wir in der Stuttgarter Wohnung. Dort hat sich ein Paar eingerichtet, Mitte vierzig. Am Abend erwarten die beiden Gäste. Der Wein ist schon geöffnet, im Ofen schmurgelt ein Braten. Gegessen wird in der Wohnküche, gerade wird der Tisch gedeckt. Tischdecke, Besteck, Kerzen. Die beiden freuen sich auf einen Abend mit gutem Essen und interessanten Gesprächen. Es wird viel erzählt werden in dieser Küche – und auch sie selbst hat viel zu erzählen. Denn der Blick auf die Entstehungsgeschichte eines Gutes eröffnet neue Perspektiven: Seine Produktion kann unter sehr unterschiedlichen Arbeitsbedingungen erfolgen, mit angepassten oder untauglichen Techniken, mit geringem oder exorbitant hohem Energieverbrauch, durch die angemessene und effiziente Nutzung von Rohstoffen oder durch unverantwortlichen Raubbau. Dieses Spektrum von Geschichten gerät immer mehr in Vergessenheit; und damit geraten die Entstehungs- und vor allem die Wirkungsgeschichte der Dinge aus dem Blick.

Welches sind die lebenswichtigen, essentiellen Konsumgüter, deren Geschichte wir kennen und ernst nehmen sollten? Die Geschichten des Schweinebratens im Ofen und die des Tisches? Was kann uns das Handy in der Hosentasche des Gastgebers erzählen, was sein Hemd und was seine Frisur? Wir tun gut daran, diese Geschichten zu kennen. Denn nur dann können wir bewusst und verantwortlich mit all den Konsumgütern umgehen, die uns umgeben – und die unseren Lebensstil prägenden Warengeschichten mitbestimmen. Dabei endet unsere Verantwortung nicht im Supermarkt. Als Konsumenten können wir unsere Produktions- und Warenwelt zwar mitgestalten. Gefragt sind wir aber auch als Bürger, die sich in die politischen Angelegenheiten einmischen. Auch wenn wir wenig Fleisch essen und darauf achten, dass es von Tieren aus artgerechter Haltung stammt – die Landwirtschaftspolitik der Europäischen Union und der Bundesregierung mit ihren Vorschriften und Subventionen gestaltet die Realität auf den Höfen ebenso sehr. Als Konsumenten und als Bürger müssen (und dürfen) wir teilhaben an den im eigentlichen Sinne des Wortes weltbewegenden Stoff- und Produktgeschichten. Nicht um Verzichten und Entsagen geht es dabei. Konsum an sich ist nicht schlecht, wenn er von Maß und Respekt gegenüber den Dingen bestimmt ist.

2 Runde Tische – warum wir lernen müssen, in Kreisläufen zu denken

Das weiße Tischtuch ist glattgestrichen, Teller werden aufgelegt. Besteck, Gläser, eine Kerze in die Mitte. Getragen wird die Tafel von einem Tisch aus massiver Eiche. Auf vier Beinen ruht die Tischplatte, das helle Holz ist gleichmäßig gemasert. Jahrhundertelang ist der Baum gewachsen, hat Jahr für Jahr aus Luft, genauer: aus Kohlendioxid, Wasser, Sonnenlicht und den Nährstoffen im Boden Holz und Blätter erzeugt. Mit ihren Wurzeln war die Eiche in der Erde verankert und nahm dort Nährstoffe und Wasser auf. Aus kleinen Öffnungen in ihren Blättern gab sie es wieder frei – und ließ durch denselben Weg, durch die Stomata, CO_2 in sich hinein. In dem Baum hat sich der Kreislauf des Kohlendioxids mit dem des Wassers getroffen und hat den Boden und sein reiches Leben mit der Atmosphäre und dem Licht verbunden. Bis er, gehobelt, verzapft und gedrechselt, in die Stuttgarter Küche gewuchtet wurde. Der Tisch bildet dort den Mittelpunkt des Abends. Er erzählt nicht nur die Geschichte vom Holz selbst, sondern auch die von Kohlendioxid, Wasser, Sonnenlicht und dem Boden, auf dem er gewachsen ist.

Ein Promi mit schlechtem Ruf

Kohlendioxid ist der Promi unter den Gasen: CO_2 kennt heute beinahe jeder. Viele Menschen haben Angst vor dem farb- und geruchlosen Stoff, denn CO_2 gilt als Klimakiller. Dabei ist Kohlendioxid lebenswichtig und seine Geschichte uralt. Dieses aus einem Kohlenstoffatom und zwei flankierenden Sauerstoffatomen aufgebaute Molekül hat Erdgeschichte geschrieben, und wie. Der Schadstoff von heute hat das Leben auf der Erde erst möglich gemacht. Menschen, Tiere, Pflanzen – sie alle leben auf der Grundlage eines genialen Verfahrens, in dem aus Luft, Wasser und Sonnenstrahlung Zucker hergestellt wird: der Photosynthese. Ohne CO_2 geht dabei nichts. Seit Entstehung der Erde selbst sind Kohlenstoff und seine Verbrennungsprodukte, Kohlenmonoxid und Kohlendioxid, im Spiel. Die beiden Stoffe waren und sind wesentliche Bestandteile unseres Sonnensystems. Auch bei der Entstehung der Erde waren sie in Mengen vorhanden, nicht nur als »Masse« im Gestein – davon zeugen heute noch kohlenstoffhaltige Meteoriten, die auf unsere Erde fallen –, sondern auch in großen Mengen in der Uratmosphäre: Sie bestand aus bis zu 20 Prozent Kohlendioxid. Welche Masse das war, wird deutlich, wenn man sie mit dem heutigen CO_2-Wert in der Atmosphäre vergleicht: Er liegt bei gut 0,035 Prozent. Warum hat sich die Zusammensetzung der Atmosphäre so massiv verändert? Wo ist das CO_2 geblieben?

Der Prozess des Verwandelns und Verschwindens setzte vor rund 600 Millionen Jahren ein. Erste Blaualgen begannen mit einer Entwicklung, die unseren Planeten so massiv verändert hat: mit der Photosynthese. Das heißt, sie verwandelten Kohlendioxid und Wasser mit Hilfe von Sonnenlicht zu Glucose und Sauerstoff. Die Photosynthese verschaffte dem Kohlendioxid die entscheidende stoffliche Rolle: Das Gas wurde zu Biomasse umgewandelt. Den Blaualgen sprangen kleinste Meeresbewohner zur Seite. Sie schafften es, den im Wasser in Form von Carbonationen gelösten Kohlenstoff zu nutzen, und bauten daraus zusammen mit Calciumionen Schalen und Skelette. Diese beiden Prozesse, die Bildung von Zucker und von Calciumcarbonat beziehungsweise Kalk, senkten den globalen CO_2-Anteil in der Atmosphäre langsam, aber stetig.

Millionen von Jahren später vervielfachte sich der Kohlendioxidkonsum. Die atmosphärische Konzentration wurde entsprechend reduziert, indem Abermilliarden von Trilobiten, Wasserschnecken und -krebsen ihre Kalkpalästchen, Endo- und Exoskelette aufbauten. Nach ihrem Tod sanken sie auf den Meeresboden und bildeten dort kilometerdicke Kalksedimentschichten. So wurde über Jahrmillionen Kohlendioxid im Kalkgestein fixiert und dem Kohlenstoffkreislauf entzogen. Aber auch die Landbewohner, die Grünpflanzen, entwickelten sich und trugen dazu bei, Kohlendioxid photosynthetisch umzuwandeln und in der wachsenden Biomasse zu binden. Besonders das Erdzeitalter des Karbons zeugt durch die Bildung riesiger Urwälder – und der daraus gebildeten fossilen Kohlelagerstätten – von dieser Periode. Der Name Karbon (von Lateinisch carbo, ›Kohle‹) verweist darauf, dass ein wesentlicher Pfeiler unserer Industriegesellschaft – die fossilen Energieträger – aus Biomasse besteht, die nichts anderes ist als über Jahrmillionen gespeicherte Sonnenenergie. Sie ist Ergebnis einer Überproduktion, einer beinahe überbordenden Bioaktivität, die vor 200 bis 400 Millionen Jahren die erwähnten riesigen Urwälder entstehen ließ. Diese vergingen und wurden schließlich mit Erdschichten überdeckt und so vor dem Luftsauerstoff geschützt. Sie verrotteten nicht, sondern verwandelten sich unter starkem Druck und hohen Temperaturen zu fossilen Kohlenstoffverbindungen: Kohle, Öl und Erdgas. Damit waren sowohl der Geo- (mittels Gestein) als auch der Biozyklus (über Pflanzen und Lebewesen) als zwei natürliche Kreisläufe geschaffen, die eine stetige Kohlendioxidsenke zur Folge hatten. Vor 800 000 Jahren lag der CO_2-Gehalt nur noch bei 0,018 Prozent.

Jahrtausendelang war der Mensch eine Randfigur in dieser Geschichte. Dann beschloss er, sie mitzuschreiben. Ein dramatisches Kapitel begann er Anfang des 18. Jahrhunderts. Der britische Schmied, Eisenhändler und Erfinder Thomas Newcomen entwickelte die atmosphärische Dampfmaschine. Diese Erfindung markiert den Eintritt ins Industriezeitalter. Sie ermöglichte den Ersatz menschlicher Arbeit durch eine Maschine mittels Nutzung von Energieträgern. Damit waren industrielle Herstellungsprozesse verschiedenster Produkte machbar. Newcomen hatte die schon 1698 von Thomas Savery patentierte, Miner's Friend genannte Dampfpumpe weiterentwickelt. Sie diente dazu, die oft wasserdurchfluteten Schächte in Bergwerken leer zu pumpen.

Als Energieträger wurde auf Kohle zurückgegriffen. Mit ihrer Hilfe konnten aber nicht nur Herstellungsketten intensiviert und beschleunigt werden. Durch die neuen Wege des Transports, die Dampfschiffe (wie heißt es so treffend im Creedence-Clearwater-Revival-Song für das Dampfschiff *Proud Mary*: »working for the man every night and day…«), Eisenbahnnetze und andere Technologien zuließen, wurde auch die Verarbeitung »neuer« Rohstoffe und Materialien aus anderen Teilen der Erde möglich. Ein erster Schritt in Richtung »globale Handelsströme« war gemacht. Heute beruhen beinahe alle Waren, die Grundlage unseres westlichen Lebensstils sind, direkt oder indirekt auf der Verbrennung oder Verwandlung fossiler Energieträger. Unsere Energieversorgung, unsere Mobilität basieren neben der Kernenergie größtenteils auf Erdöl und Kohle. Fast die gesamte chemische Industrie und ihre nachgelagerten Branchen wie die Pharma- oder Kunststoffindustrie, verarbeiten Öl. Selbst nachwachsende Rohstoffe, aus denen Biodiesel oder Bioplastik entstehen, sind in der Regel auf Erdöl angewiesen – als Dünge- oder Pflanzenschutzmittel für Öl- und Energiepflanzen wie Raps, Mais oder Soja. Wir werden darauf zurückkommen.

Das CO_2, in Jahrmillionen der Atmosphäre entzogen, setzen wir seit Beginn der Industrialisierung rasend schnell wieder frei. Es ist aber auch praktisch: Kohlendioxid weist ein reiches Spektrum von unterschiedlichen chemischen und physikalischen Eigenschaften auf, die es für natürliche und technische Prozesse unabkömmlich macht. Der Historiker Rolf Peter Sieferle spricht vom »unterirdischen Wald«[1], den wir seit dem Einsetzen des Industriezeitalters ernten. Doch es ist eine unglückliche Ernte. Denn vor allem durch das meistens ineffiziente Verbrennen der wertvollen Kohlenstoffverbindungen gehen wir zurück in Zeiten mit hohen atmosphärischen Kohlendioxidkonzentrationen. Freisetzung und Fixierung von Kohlendioxid sind aus dem Gleichgewicht geraten. Inzwischen ist der Beitrag von Kohlendioxid zur Erderwärmung unter Wissenschaftlern weitgehend anerkannt. Zwar wurde lange darüber gestritten, welchen Anteil der Mensch daran hat. Doch dass es einen »Treibhauseffekt« gibt, ist keineswegs eine Erkenntnis der umweltbewegten zweiten Hälfte des 20. Jahrhunderts.

Schon 1824 hat sich der französische Mathematiker und Physiker Joseph Fourier Gedanken darüber gemacht, ob Kohlendioxid die Strahlung der Sonne absorbieren oder reflektieren würde. Er kam zu dem Schluss, dass ein Teil der von der Erde reflektierten Sonnenenergie von der Atmosphäre zurückgeworfen wird und die Temperatur auf der Erde so erhöht. Er beschrieb die Erdatmosphäre richtig wie eine Art Glashaus, das durch die Sonne erwärmt würde. Damit äußerte der Sohn eines Schneiders, der 1830 mit 44 Jahren in Paris starb, erstaunlich moderne Vorstellungen. Und schon im Jahr 1861 vermutete John Tyndall – ein herausragender englischer Atmosphärenforscher, der unter anderem das Zustandekommen des Himmelblaus zu erklären wusste (das Sonnenlicht wird in der Atmosphäre so gestreut, dass nur der blaue Anteil des Farbspektrums für das menschliche Auge sichtbar wird) –, dass Änderungen der Kohlendioxidkonzentration in der Atmosphäre das Klima beeinflussen könnten. Noch exaktere Interpretationen dieser atmosphärischen Vorgänge lieferte ab 1938 der britische Ingenieur Guy Stewart Callendar, ein exzellenter Experte für Dampftechnologie. Er zeigte, dass Kohlendioxid und Wasser Strahlungsenergie mit unterschiedlichen Wellenlängen absorbieren, und schloss daraus, dass erhöhte Kohlendioxidemissionen das atmosphärische Strahlungsgleichgewicht beeinträchtigen würden. Diese Einflüsse wären erwartungsgemäß größer als die natürlicher Schwankungen. Aufgrund seiner langjährigen Messungen konnte Callendar belegen, dass die CO_2-Konzentration seit Beginn des Industriezeitalters stetig zugenommen hat. Er maß aber dieser aus heutiger Sicht bedenklichen Entwicklung kein großes Gewicht bei, weil er der Überzeugung war, dass der Energiebedarf in Kürze größtenteils mit Atomkraft abgedeckt werden würde und damit die CO_2-Emissionen drastisch gesenkt werden könnten.

Die neuere Geschichte der Klimaforschung begann 1958. Der amerikanische Chemiker Charles David Keeling baute auf dem fast 4 200 Meter hohen Vulkan Mauna Loa auf Hawaii eine Messstation auf, um dort kontinuierlich die Zusammensetzung der Atmosphäre zu messen. Die Station besteht noch immer. Heute beweist die »Keeling-Kurve« eindrucksvoll die Zunahme von Kohlendioxid in der Luft um den Berg, der weit abgelegen von jeglicher Industrie im Pazifik aufragt: In einer Grafik, in der auf der x-Achse die Zeit, auf der y-Achse die Werte von CO_2 in der Luft angegeben werden, steigt die Kurve in einer gleichmäßigen Zick-Zack-Linie stetig an. Die oberen Spitzen der Zacken bilden sich, wenn auf der Nordhalbkugel der Erde der Herbst beginnt: Die Bäume werfen ihre Blätter ab und verbrauchen kaum noch Kohlendioxid, die Emissionen aus Fabriken, Heizungen und Auspuffrohren verbleiben in der Luft. Im Frühling treiben die Bäume wieder aus und verbrauchen deutlich mehr CO_2. Die Kurve fällt. Dieser Effekt tritt auf, weil die Südhalbkugel deutlich weniger Land und damit Wald besitzt. An der langfristigen Tendenz ändert der Zickzack nichts.

Daher wird die Erforschung des Klimawandels begleitet von der immer wieder geäußerten Forderung nach einer Einschränkung der CO_2-Emissionen: Schon 1979 wurde auf der ersten Weltklimakonferenz unter der Ägide der World Meteorological Organisation im Abschlussdokument festgehalten: »It is now urgently necessary for the nations of the world: […] to foresee and to prevent potential man-made changes in climate that might be adverse to the well-being of humanity.« Es sei, so warnten die Wissenschaftler, für die Länder der Welt dringend nötig, die menschengemachten Änderungen des Klimas zu erkennen und zu verhindern, denn sie könnten das Wohlergehen der Menschheit gefährden. In der Folge wurde das World Climate Programme (WCP) und das United Nations Environment Programme (UNEP) ins Leben gerufen. Nach Folgekonferenzen im österreichischen Villach 1985 und im kanadischen Toronto 1988 wurde schließlich das Intergovernmental Panel on Climate Change (IPCC) gegründet, eine internationale Institution, deren Aufgabe es ist, Entscheidungsträger aus der Politik mit den aktuellsten und am besten abgestützten Daten zur Klimasituation zu versehen. Es legte sich in seinem Bericht aus dem Jahr 2007 auf einen vom Menschen gemachten Anteil an der globalen Erwärmung fest, der vor allem durch die Prozesse der Industrialisierung und dem Ausstoß von Treibhausgasen – neben CO_2 vor allem auch Methan und Lachgas – zu erklären ist. Die größten Emittenten sind Energieerzeugung, Industrieproduktion, Verkehr und Landwirtschaft. Es gibt Dutzende verschiedene Zahlen darüber, wie hoch der Anteil der einzelnen Sektoren an den Treibhausgasen genau ist. Sie unterscheiden sich jeweils nach Rechenmethode und Definition der Sektoren. Die US-Umweltbehörde Environmental Protection Agency (EPA) weist den Sektoren Energie und Verkehr 33,1 Prozent beziehungsweise 27,3 Prozent an den Emissionen zu, der Industrieproduktion 19,9 Prozent und der Landwirtschaft 7,4 Prozent.

Bei aller Unsicherheit bei der Datenlage ist eines klar: Den Löwenanteil an diesen Emissionen tragen die Industriestaaten bei. Denn es haben sich weltweit verschiedene Lebensstile ausgeprägt, deren CO_2-Bilanz höchst unterschiedlich ausfällt. So liegt dem westlichen Lebensstil, vor allem in Europa und den USA, ein massiv höherer Ge- und Verbrauch an Materialien und Energie zugrunde als dem Leben in den sogenannten Schwellenländern wie Indien und China, ganz zu schweigen von vielen Entwicklungsländern in Afrika. Die Internationale Energiebehörde (IEA) hat errechnet, dass ein Mensch in Äthiopien im Jahr durchschnittlich siebzig Kilogramm Kohlendioxid produziert. Ein Durchschnittsamerikaner bringt es im selben Zeitraum auf rund 18 Tonnen, ein Deutscher auf zehn Tonnen und die Einwohner von Katar auf stolze fünfzig Tonnen. Woher kommen diese Massen? Sie sind Ergebnis von schier unbegrenzt vorhandenem elektrischen Strom, je nach Außentemperatur stets angenehm warmen oder kühlen großen Wohnungen und preisgünstiger Mobilität. Auf einem Transatlantikflug von München nach New York und zurück werden 4,2 Tonnen CO_2 freigesetzt – pro Person. Jeder Deutsche produziert im Schnitt jährlich 1,8 Tonnen CO_2 für die Heizung seiner Wohnung. Und ein durchschnittliches Auto stößt etwa 2,6 Tonnen Kohlendioxid im Jahr aus – wobei dieser Wert je nach Fahrzeugtyp und Fahrweise erheblich höher oder niedriger ausfallen kann.

Es ist unser westlicher Lebensstil, der den Kohlendioxidkreislauf außer Kontrolle geraten ließ und lässt. Zu dem wahnwitzigen Ressourcenverbrauch der reichen Länder im Norden addiert sich ein weiterer Prozess, der den Klimawandel beschleunigt und seine Folgen dramatisch werden lässt: die weltweite Bevölkerungszunahme. Lebten 1950 rund 2,5 Milliarden Menschen weltweit, waren es Anfang 2013 etwa 7,1 Milliarden. Bis 2050 wird die Einwohnerzahl der Erde voraussichtlich auf über neun Milliarden Menschen ansteigen. Dies hatte und hat für die CO_2-Geschichte weitreichende Konsequenzen. In der Vergangenheit sorgte der Bevölkerungszuwachs für einen stetig ansteigenden Energie- und Produktbedarf. In beidem steckt Kohlenstoff – entweder direkt im Produkt, das etwa aus Plastik und damit aus Erdöl hergestellt ist, oder im Einsatz fossiler Brennstoffe bei Herstellung und Transport. Der momentane Bevölkerungszuwachs findet vor allem in Regionen mit bislang geringerem Ressourcenverbrauch statt, sodass auch dort ein Zuwachs an CO_2-Emissionen zu erwarten ist.

Die Geschichte der Menschen ist schicksalhaft mit den Stoffgeschichten des Kohlendioxids und des Wassers verknüpft. Dabei zeigen der Kohlenstoff- und auch der Wasserkreislauf (siehe den nächsten Abschnitt) Grenzen auf, deren Überschreitung bei Nichtberücksichtigung durch die Teilhaber fatale Folgen haben. Selbstverständlich haben auch die Menschen in den armen Ländern ein Recht auf Entwicklung und Wohlstand. Während der Verhandlungen auf der Weltklimakonferenz in Kopenhagen haben Staaten wie Indien dies auch immer wieder nachdrücklich betont. Doch einen Wohlstand, der auf der exzessiven Nutzung von Ressourcen beruht – sei es Kohle, Öl oder die Fähigkeit der Atmosphäre, CO_2 aufzunehmen –, gibt die Erde nicht her. Das bekommen nicht nur die Bewohner in den reichen, sondern auch die in den armen Regionen zu spüren.

Die Auswirkungen der globalen Temperaturveränderungen, die je nach Berechnung zukünftiger Emissionen zwischen zwei und sechs Grad Celsius bis Ende des Jahrhunderts ausfallen könnten, sind sehr heterogen. Der dramatischste Wandel wird in den Ländern erwartet, deren Bewohner schon jetzt arm sind. Die Verbreitung infektiöser Krankheitserreger wie Malaria oder das Dengue-Fieber wird erleichtert. So haben Wissenschaftler zum Beispiel eine Zunahme von Malariaerkrankungen in afrikanischen Hochlandregionen gemessen, in denen es bislang kühler war als in den Ebenen. Effekte auf die Landwirtschaft werden erwartet, etwa dürrebedingte Ernteausfälle oder die Notwendigkeit, Bewässerungssysteme auszuweiten. In den schon jetzt trockenen Zonen werden Mensch und Natur noch weniger sauberes Wasser zur Verfügung haben. Fraglich bleibt, inwiefern es in Zukunft politische Auseinandersetzungen um die Ressource Wasser geben wird.

Veränderungen der Temperatur haben global auch die Beeinträchtigung der Biodiversität zur Folge: So kommt es schon jetzt zur Verschiebung von Klimavegetationszonen von rund 150 Kilometern pro Grad Celsius und damit zum Verlust, zur Veränderung alter, aber wohl auch von neuen natürlichen Lebensräumen. Der Meeresspiegel wird steigen, weil die Polkappen schmelzen und sich Wasser bei höheren Temperaturen ausdehnt. Auf viele Küstenregionen wird sich das dramatisch auswirken. Berühmt ist inzwischen die Initiative von Mohamed Nasheed. Der Präsident der Malediven hatte 2008 vorgeschlagen, einen Fonds einzurichten, mit dessen Geld sich die 300 000 Insulaner Land für eine neue Heimat kaufen könnten, sollte ihre eigene versinken. Mit diesem nicht ganz ernst gemeinten Vorschlag wies Nasheed öffentlichkeitswirksam darauf hin, dass der Klimawandel für flache Inselstaaten wie eben die Malediven, Fidschi oder Tuvalu eine handfeste, existentielle Bedrohung darstellt. Auch die dicht besiedelten Küstenregionen in Asien mit ihren Megacitys sind gefährdet. Die unterschiedlichen Auswirkungen sind insbesondere für die Gebiete schwerwiegend, die bereits jetzt unter bedrohlichen ökonomischen, ökologischen oder sozialen Bedingungen leiden – zumeist die armen Staaten des Südens. Dass die Wetterextreme zunehmen, hat sich in den vergangenen Jahren so deutlich gezeigt wie noch nie, etwa durch die Brände in Russland oder die verheerenden Überschwemmungen in Pakistan und China mit Tausenden Todesopfern und unzähligen Obdachlosen.

Auch in Deutschland lassen sich bereits Veränderungen nachweisen: So ist hier die Temperatur in den vergangenen fünfzig Jahren um zirka 1,4 Grad Celsius angestiegen und hat damit die Schneefallgrenze um rund 100 Meter angehoben. Weiter hat die Niederschlagssumme im Frühjahr insbesondere im nördlichen und westlichen Alpenraum um 20 bis 30 Prozent zugenommen. Gleichzeitig ist ein Rückgang der Niederschlagssumme im Sommer um mehr als 20 Prozent zu verzeichnen. In der Folge nehmen meteorologische Extremereignisse zu. Darüber hinaus ist das Volumen der Gletscher im letzten Jahrhundert um zirka 50 Prozent geschrumpft. Trotzdem zählt Deutschland unterm Strich eher zu den Gewinnern des Klimawandels. Wegen der höheren Temperaturen werden häufigere Ernten pro Jahr möglich. Zudem sind genug Wissen und Geld da, um sich an die neuen, mediterranen Verhältnisse anzupassen. Sie werden die Bundesrepublik allerdings auch einiges kosten – Dämme müssen erhöht und der Wald muss an das neue Klima angepasst werden, das Gesundheitssystem muss sich mit neuen Krankheiten auseinandersetzen.

Der internationalen Klimapolitik droht trotz dieser trüben Aussichten ein verlorenes Jahrzehnt. Der bislang letzte Gipfel der Vertragsstaaten der Klimarahmenkonvention der Vereinten Nationen in Doha endete ebenso ergebnislos wie seine Vorgänger in Durban oder Cancún. Stets stellen die Teilnehmer einen dringenden Handlungsbedarf fest, sehen ihn aber jeweils vor allem bei den anderen Staaten. Ein Nachfolger für das berühmte Kyoto-Protokoll, das eigentlich 2012 ausgelaufen wäre, ist auf diese Weise nicht zustandegekommen. So soll es auch weiterhin dafür sorgen, die Erderwärmung in den nächsten einhundert Jahren auf zwei Grad zu begrenzen.

Abgesehen von den Unwägbarkeiten, die durch Klimaänderungen eintreten, hat der blinde Konsum eine weitere fatale Konsequenz: Wir verbrennen in unseren Kraftwerken, Heizungen, Flugzeug- und Automotoren wertvolle fossile Rohstoffe – unbezahlbare und kaum regenerierbare Bodenschätze – der Zukunft. Dabei können sie als hoch raffinierte Naturprodukte vielseitig und nutzbringend eingesetzt werden, sei es in der Medizin, im Automobil- und Flugzeugbau, in der Möbel- und Bauindustrie, in der Papier- und Verpackungsindustrie. So wird der rezeptfrei erhältliche und bekannte Wirkstoff gegen Schmerzen und Fieber, Ibuprofen, aus Propangas und Toluol hergestellt – die auf Naphtha beruhen, also raffiniertem Erdöl. Viele sinnvolle und langlebige Produkte aus Öl, Kunststoffe etwa oder Fette, lassen sich zudem recyceln und der verwendete Kohlenstoff bleibt länger gebunden.

Gebunden bleibt das in Verruf geratene und doch so segensreiche Molekül auch in dem Tisch unserer Stuttgarter Küche. Einige hundert Gramm CO_2 pro Tag kann eine ausgewachsene Eiche speichern, in Traubenzucker und schließlich in Holz, Wurzeln und Blätter verwandeln. Ein ganzer Wald, etwa der thüringisch-hessische Hainich mit seinen 5300 Hektar Fläche, speichert jährlich so viel CO_2, wie in die Tanks von nur 25 000 Autos passt. Irgendwann einmal, wenn der Küchentisch krumm und kipplig geworden ist, womöglich noch als Holzschale oder Bauklotz, als Fußboden oder Spanplatte gedient hat, wird auch er verrotten oder verbrennen und sein CO_2 wieder in die Atmosphäre entlassen. Aber erst dann.

Wasser will fließen

Dass Wasser auf der Erde fließt, ist ziemlich unwahrscheinlich. Stellen wir uns den Planeten in seiner ursprünglichen Form vor, nämlich unbewohnt. Als Feuerball, umtost von einer Gaswolke aus Wasserdampf, Methan, Kohlenmonoxid, Kohlendioxid und Stickstoff, reist er durch den Weltraum, angestrahlt von der Sonne. Doch irgendwann vor drei oder zwei Milliarden Jahren, an einer der Sonne abgewandten Seite, kühlte sich die Erde ab. Myriaden von Wassermolekülen gelang es, sich einander zu nähern, zu kondensieren und sich zu einem Tropfen zu verbinden. Wir kennen ihre Zahl: An die 10^{21} Moleküle – eine kaum vorstellbare Anzahl – kommen in einem Wassertropfen zusammen. Wenig später hatte sich die Erde so weit abgekühlt, dass sich ein Teil der Moleküle zu festen Molekülverbänden zusammenschließen konnte: zu Eis. Eiskathedralen, Eiswüsten und Gletscher entstanden, die auch sonnige Tage überdauern konnten. Sie schmolzen nicht, weil sie die einfallenden Sonnenstrahlen reflektierten. Ein weiterer Teil blieb flüssig und bildete Meere, Flüsse und Seen, während ungezählte Wassermoleküle als Dampf die Erde umschwebten und einhüllten.

Dies war möglich, weil die Sonne – zu unserem großen Glück – weit genug von der Erde entfernt ist, um nicht alles Eis zu schmelzen. Und doch nah genug, damit nicht alles Wasser zu Eis erstarrt. Diese wundersame Fügung ist wahrscheinlich eine galaktische Einzigartigkeit. Sie ermöglichte ein Gleichgewicht zwischen eingestrahlter Sonnenenergie und abgestrahlter Erdwärme, das die Erde lebensfreundlicher machte, je älter sie wurde. Die Temperaturen schwankten im Zeitmittel immer weniger, der Wasserkreislauf stabilisierte sich. Dabei half die Atmosphäre, diese dünne Schicht, in der sich all die Dämpfe und Gase bewegen können, die irgendwann zu neuen Stoffen zusammenfinden. Bis heute bewegen sich diese atmosphärischen Gase ständig um den Erdball, angetrieben durch die täglich wiederkehrende Sonne. In diesem riesigen, chaotischen Stoffdurcheinander, das den Boden, das Meer und die Luft erfüllte, begannen zunehmend komplexe Lebensformen die Erde umzugestalten. Vor vielleicht 600 Millionen Jahren, am Ende des Präkambriums, begannen sie den vorher erwähnten Prozess, der das Leben auf der Erde ermöglichte und unseren Planeten fundamental veränderte. Sie begannen mit der Photosynthese. Durch diesen hochkomplizierten physikalisch-chemischen Vorgang wurden erste Organismen aktiv. Das Leben, die Biosphäre, entwickelte und entfaltete sich. Wasser war ihr Lebenselixier, und das ist es noch heute.

Wasser umgibt uns, bemerkt oder unbemerkt, überall. Zu zwei Dritteln ist unser Planet mit Wasser bedeckt. Es befeuchtet die Luft, die wir atmen, schwebt und fliegt über uns als Wolke. Es fließt unter unseren Füßen in riesigen Grundwasserreservoirs, durchströmt die Pflanzen, um Nährstoffe von den Wurzeln im Boden in die Blätter zu transportieren und seine energiereichen Wasserstoff- und Sauerstoffatome zur Photosynthese zur Verfügung zu stellen. Und nicht zuletzt bestehen lebende Wesen selbst größtenteils aus Wasser: Menschen zu 70 Prozent, Pilze zu 90 Prozent und die schwerelos im Meer schwebenden Quallen zu beinahe 100 Prozent.

Diese nüchternen Prozentangaben offenbaren den unwahrscheinlich vielfältigen Wirkungsraum, den Wasser in der Biosphäre gefunden hat. In der Luft, in Gewässern oder im Boden, überall versieht Wasser existentielle Funktionen, eingebunden in einen ständig laufenden Prozess, in den von der Sonne angetriebenen Wasserkreislauf. Sie erwärmt die Meere mit ihren Strahlen und verdunstet die Wassermoleküle in die Luft, der Wind treibt sie über weite Entfernungen und ballt sie, zusammen mit dem Luftdruck, zu Wolken. Sie kondensieren zu Tropfen, fallen auf den Boden nieder, werden von

Pflanzen aufgesogen und erneut verdunstet. Oder sie wandern über die Erdoberfläche, nehmen lösliche Bodenbestandteile wie Salze oder Stickstoffverbindungen auf und transportieren sie an andere Orte, waschen Täler in Felsen und gestalten so die Erdoberfläche mit. Sie machen Stoffe mobil. Menschen brauchen weltweit pro Jahr rund zweimal 10^{47} Wassermoleküle in Form von Trinkwasser. Das ist eine unvorstellbar große Zahl, 115-mal ließe sich mit ihnen der Bodensee füllen. Und das Verrückte daran ist, dass jedes dieser Wassermoleküle seine eigene Geschichte mit sich trägt. In der fiktiven Autobiographie eines Wassermoleküls lässt sich nachlesen, wie so ein Schicksal aussehen könnte:

»Über Jahrmillionen muss ich im antarktischen Eisschelf, dem ewigen Eis, das die südliche Polarkappe der Erde bildet, in einem tiefen Winterschlaf gelegen haben. Mein schwerer Sauerstoffkopf wurde über meine zwei leichten Wasserstoffarme mit den zwei nächstliegenden Köpfen meiner Artgenossen ziemlich unbeweglich eingespannt; meine beiden Wasserstoffarme dienten umgekehrt als Stützen für die Köpfe zweier weiterer Artgenossen. Zusammen formten wir beinahe reglos filigrane Eisgerüste mit unterschiedlichsten Strukturen und Architekturen. Der Abbruch eines mächtigen Eisbrockens veränderte mein Leben plötzlich. Ein im Meer schwimmender Eisberg war geboren. Mit ihm begann meine große Entdeckungs- und Erlebnisreise. Mit meinem Eisberg ließ ich mich nach Norden treiben. Dann wurde der Griff meiner Nachbarn lockerer und lockerer, bis ich schließlich in einem irren Wirbel von sich nähernden und sich entfernenden Wassergenossen davonfloss. Ich wurde Teil des Meeres. Der Tanz mit meinen Kumpanen war unbeschwert, ziellos und oft übermütig. Unversehens raste ich in einen rosaroten Schlund, betrachtete verwundert die an mir vorbeiziehenden Höhlenarchitekturen und knallte gegen weiche Wände. Ich war in den Verdauungstrakt eines

Kleinkrebses, eines Krills, geraten. Der Name stammt aus dem Norwegischen und wird sinngemäß mit ›Walfutter‹ übersetzt. Kaum hatte ich begriffen, wo und in wem ich war, setzte ein unerträglich lautes Knirschen und Krachen ein. Die Höhlenstruktur wurde von spitzen, harten Zähnen zermalmt und ich landete im Inneren eines Kabeljaus. Dort befand ich mich in einer Art riesigen, geschäftigen Markthalle, in der ich, wie meine wässrigen Schichtgenossen, sofort zum Arbeiten verdonnert wurde. Im Magen des räuberischen Fisches galt es, zu acht oder zu zehnt wasserfremde Teilchen zu umringen und sie durch Zellwände und Gefäße an ihre Wirkstätten zu eskortieren. Von dort mussten andere, neu gebildete Teilchen zurückgebracht werden. Wer diese Transporte steuerte und wie sie koordiniert wurden, verstand ich nicht. Später erfuhr ich, dass dieses ständige Hin und Her von Stoffen, dieses umtriebige Auf- und Abbauen, Teilprozesse der Verdauung des Kabeljaus waren, die ihn versorgten und am Leben hielten. Jedenfalls hatte ich mit der Zeit das Labyrinth der Versorgungs- und Entsorgungskanäle meines Wirts und Arbeitgebers verstanden. Ich hatte genug davon, ich wollte wieder frei sein. Auf der nächsten Transporttour versuchte ich deshalb, durch einen verbotenen Kanal in die Niere zu entkommen. Ich war auf dem besten Weg, endlich zurück ins Meer zu gelangen, als die bis dahin ruhige Tauchfahrt jäh beendet wurde. Erst wurde ich ein paar Mal hin und her geschleudert, dann wurde ich eiskalt. Alle Bewegungen erlahmten. Ich begriff, dass ich mit meinen Genossen wieder zu Eis erstarrte. In dieser misslichen Lage spendete mir ein Gedanke Trost: Als Wassermolekül muss ich den Tod nicht fürchten, den molekularen Tod gibt es nicht. Es gibt nur den Wandel, im schlimmsten Fall die Umwandlung in meine atomaren Fragmente.«

Wie könnte die phantastische Reise des Wassermoleküls weitergehen? Vielleicht auf einem Fischkutter: »Tiefgefroren reiste ich zur Küste, wurde vom Schiff in ein Kühlhaus gefahren, von dort in einen Supermarkt und weiter in die Küche eines Fischliebhabers. Der taute seinen Kabeljau auf, verspeiste ihn mit Dillsauce und Bratkartoffeln – und mich mit. Nach einigen Runden im Organismus des Essers, wo ich Jobs ähnlich denen im Kabeljau übernahm, konnte ich endlich flüchten. Ich floss in eine Kläranlage, kämpfte mich durch Sand, passierte Bakterien, die mich daraufhin untersuchten, ob sich andere Moleküle an mir festklammerten. Schließlich wurde ich von warmen Sonnenstrahlen verdampft, und der Wind trug mich fort. Einmal im luftig blauen Äther, dann wieder in einer dicken Wolke, trieb ich über Städte, Felder und einen Wald. Ich schloss mich anderen Molekülen an und wir bildeten einen Regentropfen. Mit einer Geschwindigkeit von sechs Metern pro Sekunde sausten wir Richtung Erde, bis ein Blatt meinen Fall bremste. Ich glitt hinab, von Blatt zu Blatt, und plumpste schließlich auf den Boden. Ich sickerte hinab, es wurde dunkel. Plötzlich zog etwas an mir. Diesem Sog konnte ich nicht widerstehen. Eine hauchdünne Haarwurzel saugte mich auf und beförderte mich durch feine Kapillaren in der Rinde einer Eiche nach oben. Mühelos überwand ich die Schwerkraft und wurde nach oben befördert. In ein Blatt geschleust, traf ich auf grün schimmernde Moleküle. Sie nannten sich Chlorophyll. Ich beobachtete, wie sie einen meiner Reisegefährten umringten und ihm seine Wasserstoffatome abnahmen. Mehr konnte ich nicht erkennen, denn ich selbst zwängte mich durch eine kleine Öffnung im Blatt, vorbei an einem Kohlendioxidmolekül, das gerade in das Blatt hinein flutschte. Ich sagte adieu und ging abermals auf die Reise. Der Kreislauf ist die Quintessenz meines Wasserdaseins. Als frei schwimmendes Molekül bewege ich mich durch Boden, Regen und Flüsse und finde immer wieder zurück zum Meer. Hier fließen alle Wassergeschichten zusammen.«

Das Meer hält so viele Geschichten bereit, dass sich gar nicht alle erzählen lassen. Aber die Wege, die der Wasserkreislaufwelt zugrundeliegen, werden offenbar. Wasser ist viel mehr als die Summe der Wassermoleküle, es ist ein ständig fortschreitender Prozess. Die Biographie unseres Wassermoleküls ist nur ein Schicksal von vielen, die vereint den Wasserkreislauf ausmachen. Wie unglaublich bereichernd wäre es, all diese Geschichten anzuhören. Warum? Weil wir dann wahrnehmen könnten, dass Wasser zwar selbstverständlich überall ist; eine Selbstverständlichkeit ist es aber nicht. Wir sind weit davon entfernt, es entsprechend zu behandeln.

Wir brauchen Wasser, um zu leben. Nicht irgendein Wasser, unsere Ansprüche sind hoch. Reines H_2O bekommt uns genauso wenig wie das Salzwasser der Meere. In unserem Trinkwasser muss gerade die richtige Menge an mineralischen Stoffen gelöst sein. Auch giftige Chemikalien, Bakterien oder Viren im Wasser machen uns krank. Wenn die Qualität nicht stimmt, wird es gefährlich. Milliarden von Menschen in Tansania, in Bangladesch, in Guatemala oder im Sudan, aber auch in den Megacitys von China und Indien haben keinen Zugang zu frischem, sauberem Wasser. Dadurch drohen ihnen tödliche Krankheiten wie Ruhr, Cholera oder Hepatitis A. Weltweit sterben mehr Menschen an Durchfallerkrankungen aufgrund verseuchten Wassers als an Malaria oder Tuberkulose. Millionen von Neugeborenen und Kleinkindern leiden unter Wasserkrankheiten oder Wassermangel. Oft stehen ihnen nicht einmal zwei, drei Liter Frischwasser für den täglichen Bedarf zur Verfügung. Allerdings ist Wasser selten tatsächlich knapp. Der Mangel an sauberem Wasser ist weniger eine Naturkatastrophe, sondern meist Folge von Armut und schlechter Politik.

In Mitteleuropa liegt der Wasserverbrauch laut Statistik zwischen 120 und 130 Litern, wobei nur ein geringer Anteil – fünf bis zehn Liter – wirklich für die essentiellen Lebensprozesse notwendig ist. Der größte Teil der von uns täglich genutzten Wassermenge wird für die Hygiene und für den Haushalt verbraucht, etwa zum Putzen oder Wäschewaschen. Natürlich bedeutet »verbrauchen« nicht, dass das Frischwasser bei der Nutzung verlorenginge – wir haben die ewige Reise eines Wassermoleküls durch die Welt kennengelernt. Doch dank seiner Eigenschaften als Lösungs- und Transportmittel für vielerlei Stoffwechsel und Stofftransformationen wird Wasser zu Abwasser. Seife, Shampoo, Waschmittel, Medikamente, Urin und Parfüms werden in riesigen Mengen vom Frischwasser aufgenommen. Im besten Fall gelangt es dann in ein Klärwerk und geht gereinigt in den natürlichen Wasserkreislauf zurück.

Aber auch mit diesem Wasser müssen wir vernünftig umgehen und sorgfältig überlegen, mit welchen Stoffen wir es anreichern. Die größte Gefahr für das Grundwasser geht hierzulande von der industriellen Landwirtschaft aus, die Nährstoffe und Pflanzengifte auf die Felder ausbringt, wo sie dann versickern. Das Umweltbundesamt nennt als weitere Gefahren alte Abfalldeponien, die nicht den heutigen strengen Vorschriften entsprechen, ebenso wie Medikamente, die erst von Tieren und Menschen eingenommen und schließlich wieder ausgeschieden werden. Auch Unfälle in Industrie- und Kraftwerksanlagen stellen demnach eine relevante Quelle für Gifte im Wasser dar. Moderne Kläranlagen können zwar viele Giftstoffe herausfiltern, doch mit kleinen Mengen spezieller Chemikalien sind sie überfordert. Heftig diskutieren Chemiker und Ärzte seit einigen Jahren, welche Wirkung zum Beispiel der hormonähnliche Stoff Bisphenol A im Wasser entfaltet. Viele Gebrauchsgegenstände aus Kunststoff – Flaschen, Geschirr, CDs oder Kontaktlinsen – macht er zugleich stabil und geschmeidig. In kleinsten Mengen gerät er jedoch auch in unsere Nahrung und schließlich in den Wasserkreislauf. Gelangen diese »endokrine Disruptoren« genannten Stoffe in Bäche oder Seen, schädigen sie Fische und andere Wasserlebewesen. Das ist nur ein Beispiel dafür, wie wir die segensreichen Transportfähigkeiten des Wassers in eine zerstörerische Kraft verwandeln. Doch das größere Problem unseres Wasserkonsums ist derzeit ein anderes.

Er führt nämlich ein Doppelleben: ein statistisch erfasstes und eines, das in der Grauzone der Entstehungsgeschichten unserer alltäglichen Konsumgüter spielt. So kann es sein, dass für die Produktion eines Kilogramms Tomaten je nach Produktionsweise fünfzig bis hundert Liter Frischwasser benötigt werden, für ein Kilogramm Feinpapier gegebenenfalls 300 Liter, für ein schönes Rinderfilet unglaubliche 15 000 und für ein Kilogramm Rohbaumwolle aus dem Bewässerungsanbau in Usbekistan oder Ägypten gar 25 000 Liter. Dieses »graue Wasser« muss größtenteils den Kreislauf durchlaufen, bevor es wieder verfügbar ist, oder es geht als Abwasser oder als unwiederbringlich versickertes Wasser verloren. Oft wird statt »graues« auch der Begriff »virtuelles« Wasser« verwendet. Das ist aber irreführend, weil diese Formulierung glauben lässt, dass es sich nicht um physisch-reale, sondern um theoretisch hochgerechnete Wassermengen handelt. Doch dem ist nicht so, auch wenn sie für uns Konsumenten nicht sichtbar sind.

Wir können das Wasser nur wahrnehmen, wenn wir die Geschichten unserer Alltagsgüter zusammen mit den beteiligten Wassergeschichten transparent machen. Mündige Konsumenten wollen wissen, weshalb ihr individueller Wasserverbrauch sehr viel bedenklicher ist, als es laut Statistik scheint. So verbraucht ein Mitteleuropäer täglich eben nicht die statistisch erfassten 130 Liter, sondern rund 5 000 Liter, die überwältigende Menge davon ist graues Wasser. Oft wird dies dort verbraucht, wo es knapp ist. Ausgerechnet Andalusien zum Beispiel ist der Obst- und Gemüsegarten Europas. Im trockenen, heißen Süden Spaniens wachsen laut der Umweltorganisation WWF pro Jahr 2,7 Millionen Tonnen Erdbeeren, Tomaten oder Paprika; die Hälfte wird exportiert. Teilweise wird dem Grundwasser ein Vier- bis Fünffaches der Wassermenge entnommen, die durch Regen wieder ersetzt werden kann. Die Konsequenz: Der Grundwasserspiegel fällt. Feuchtgebiete, Lagunen und andere vom Wasser abhängige Ökosysteme trocknen aus. Außerdem reichert sich das Grundwasser mit Salz an. Zentralen Ackerflächen in Spanien droht die Versalzung und Versteppung. Hier wird der (lokale) Wasserkreislauf zum Teufelskreis: Weil keine Pflanzen mit ihren Wurzeln das Wasser aus den tieferen Schichten des Erdreichs ziehen und ein durch keine Vegetationsschicht geschützter Boden das Wasser nicht mehr halten kann, versickert es oder fließt davon. Im schlimmsten Fall trägt es die Ackerkrume mit sich. Fruchtbare Böden verkommen zu Wüsten und gehen für die Produktion von Nahrungsmitteln verloren. Umkehrbar ist dieser Prozess kaum.

Es gibt keinen Zweifel: Wenn es in den kommenden Jahren nicht gelingt, mit dem Wasser sinnvoller umzugehen, werden Wasserkonflikte unterschiedlichster Art aufbrechen. Flusssysteme wie der Jordan, Euphrat und Tigris oder Syrdarja und Amudarja sind prädestiniert, wegen Wasserverteilungsstreitigkeiten zu hochbrisanten Konfliktherden zu werden. Die beiden letztgenannten Flüsse in Zentralasien sorgen bereits jetzt für Spannungen zwischen den Staaten Tadschikistan und Usbekistan. Tadschikistan nutzt das Wasser der Flüsse an ihrem Oberlauf zur Energieerzeugung und leitet es in Staudämme um. Darum fehlt es in Usbekistan und in Kasachstan für den dort zu Sowjetzeiten ausgebauten und nicht standortgerechten, deshalb bewässerungsintensiven Baumwollanbau. Die bedächtige Berliner Stiftung Wissenschaft und Politik zählt den beständigen Streit um das Wasser in den beiden Flüssen zu einem möglichen Ressourcenkonflikt auf der Welt.

Wasser ist für die Landwirtschaft oder für Industrieproduktionen unabdingbar. Ohne ein effizientes und globales Wassermanagement wird es nicht gelingen, wenigstens die Grundbedürfnisse der ständig wachsenden Weltbevölkerung zu decken. Dazu gehört, dass die reichen sowieso mit Nässe gesegneten Industrienationen das Wasser nicht in Form von Gütern und Lebensmitteln aus den Trockengebieten der Erde importieren. Derzeit werden in der Weltlandwirtschaft über 70 Prozent der gesamten Frischwassermenge eingesetzt, der größte Teil verdunstet oder versickert im Boden. In beiden Fällen steht er den Pflanzen nicht mehr zur Verfügung. Werden weiterhin unglaubliche Wassermengen mit unangemessenen Technologien und durch unverantwortlichen Konsum verprasst, werden wir uns bald mit unliebsamen Wassergeschichten beschäftigen müssen. Dann wird Wasser nämlich zum Konfliktstoff. Es ist eine ironische Geschichte, dass wir die Einzigartigkeit unseres Universums, nämlich flüssiges Wasser, dem wir unser eigenes Leben verdanken, so besinnungslos gegen uns selbst verwenden.

Die verwundbare Grundlage

Wo ist die Stieleiche, aus deren Holz der Tisch in der Stuttgarter Küche gefertigt wurde, gewachsen? Irgendwo in Mitteleuropa, in einem Mischwald in Deutschland, Polen oder Tschechien? Über der Erde war sie gewiss eine imposante Erscheinung, dreißig Meter hoch, vielleicht 300 Jahre alt. Imposant war auch der Teil des Baumes unter der Erde. Mit seiner Pfahlwurzel hatte er sich senkrecht und tief im Boden verankert, mit einem feingliedrigen Wurzelsystem entnahm er ihm Wasser und Nährstoffe. Es wird Braunerde gewesen sein, der häufigste Bodentyp mitteleuropäischer Wälder. Boden ist nicht gleich Boden. An Berghängen windet sich oft die flachgründige Rendzina, die Bauern in der Magdeburger Börde profitieren von ihrem mächtigen und überaus fruchtbaren Boden aus Schwarzerde.

Deutschland ist ein rohstoffarmes Land? Dieser Satz ist fast schon eine Binsenweisheit. Trotzdem ist er falsch. Und ausgesprochen verräterisch. Wer ihn ausspricht, ignoriert oder verkennt, dass fruchtbarer Ackerboden eine der wichtigsten, weil lebensnotwendigen Ressourcen der Menschheit ist. Aus dieser Ignoranz sprechen die Gewissheit, dass wir seit jeher über ausreichend fruchtbaren Boden verfügen, sowie der Mangel an Vorstellungskraft, dass das irgendwann nicht mehr so sein könnte. Mitteleuropa, schreibt der Pflanzenökologe Hansjörg Küster, sei ökologisch eine der stabilsten Regionen der Welt. Fast nirgendwo sonst werde schon seit über 7 000 Jahren ohne größere Krise Ackerbau betrieben.[2] Wir sind also verwöhnt. Genauso behandeln wir unseren Boden: Wir versiegeln, verdichten und vergiften ihn, setzen ihn Erosion und Überdüngung aus. Dabei ist Boden eine ganz besondere Ressource. Wer ihn achtet, dem schenkt er Leben. Missachten wir jedoch die Bedürfnisse des Organismus Boden, machen wir aus Erde – Dreck.[3]

Als »Teil der belebten obersten Erdkruste des Festlandes« definieren Fritz Scheffer und Paul Schachtschabel ihn in ihrem als Klassiker geltenden *Lehrbuch für Bodenkunde*. Nach unten seien Böden durch festes oder lockeres Gestein begrenzt, nach oben durch eine Vegetationsdecke und die Atmosphäre. Jeder Boden ist Zeuge einer uralten Geschichte. Er erzählt, wie Wind und Wetter, Regen, Hitze, Kälte und Zeit Felsen aus schwarz glänzendem Tonschiefer, weichem Sandstein oder hartem Basalt sprengten, brachen, zerbröselten. Und wie zugleich Mikroben, winzig kleine Pilze und Bakterien probierten, ob sich auf dem Gestein nicht wohnen ließe. Anspruchslos, wie sie sind, machten sie es sich gemütlich, starben ab und wurden Nahrung für erste einfache Pflanzen, die sich ihrerseits aus den Mineralquellen des Gesteins bedienten und nach ihrem Tod verrotteten. In hunderten, teils tausenden von Jahren wuchs so, Schicht um Schicht, der Organismus Boden. Der besteht überwiegend – in manchen Waldböden zu 93 Prozent – aus Mineralsubstanz. Doch ohne die winzigen Lebewesen, die den Prozess in Gang gebracht hatten, läuft nichts. Sie blieben. Und es wurden immer mehr. Bis zu 10 000 Arten von Bakterien leben auf einem Quadratmeter gesunden Bodens, die Zahl der Lebewesen dort übersteigt die Zahl der Menschen auf der Erde. Ganze Völkerschaften von Bodenorganismen wuseln dort und bringen Bewegung in den Boden: Viren und Bakterien, einzellige Amöben, die uralten Flagellaten, die sich mit ihren Geißeln Nahrung zufächeln, Wimperntierchen, Pilze, die mit ihrem Geflecht, den Hyphen, die Ausbreitung der Pflanze organisieren; Bärtierchen, Milben und weiße oder farblose Springschwänze, die Larven zahlreicher anderer Insekten; Asseln, Käfer, Schnecken, Ameisen und Mäuse. Jeder noch so große Zoo ist eine armselige Tierschaubude im Vergleich zu einer Schubkarre voll gesunden Bodens. Bester Freund der Gärtner ist dabei der Regenwurm. Er frisst verrottete Pflanzen und Erde, vermischt sie in seinem Darm mit Bakterien und Pilzen und scheidet sie schließlich als allerbesten Dünger wieder aus. Vierzig bis achtzig von ihnen leben unter einem Quadratmeter Waldboden, bis zu 300 unter einem Quadratmeter Grünland und bis zu 120 unter einer gleichgroßen Fläche Ackers. Allerdings kann die Zahl der nützlichen Würmer hier auch null betragen. Denn ist der Boden stark übersäuert, zu trocken oder durch ständiges Befahren mit schweren Landmaschinen stark zusammengepresst, flüchtet der Regenwurm. Der Boden ist die höchst lebendige Verbindung zwischen dem Gestein im Untergrund und den Pflanzen und der Atmosphäre. Diese Verbindung ist sein Zweck, sie ist aber auch seine Daseinsvoraussetzung. Wird die Verbindung gekappt, indem etwa fruchtbare Äcker im Frühjahr gepflügt und mit Totalherbiziden einer schützenden Pflanzendecke beraubt werden, dann braucht es nur einen kräftigen Wind und der Boden fliegt davon.

Massenkarambolage auf der A 19. 131 Verletzte, acht Tote – Anfang April 2011 schaffte es der Boden in die Tagesschau. Zehn Kilometer südlich von Rostock waren achtzig Autos auf der Autobahn ineinander gerast. Sturmböen mit Geschwindigkeiten von hundert Stundenkilometern hatten auf den Äckern entlang der Autobahn eine undurchsichtige, braunrote Staubwolke aufgewirbelt, sie auf die Autobahn getrieben und den Autofahrern für entscheidende Sekunden die Sicht geraubt. Die Staatsanwaltschaft prüfte Ermittlungen gegen die Agrargenossenschaft, die die Äcker bewirtschaftet. Hatte sie den Boden wissentlich falsch behandelt und so die tödliche Wolke mit verursacht? Was wissen wir über diesen Boden? Ein bisschen wie Mehl fühle er sich an, schreibt ein Mitarbeiter der Bundesanstalt für Geowissenschaften und Rohstoffe aus Braunschweig. Und er ist jung: Erst in der letzten Eiszeit haben die Gletscher Massen von Lehm nach Schleswig-Holstein und Mecklenburg-Vorpommern geschoben. Er enthielt Ton, der Wasser gut halten kann. Doch der Boden geriet in Bewegung, der Ton wanderte von den oberen in die unteren Bodenschichten. Damit verlor der Oberboden an Fähigkeit, Wasser zu speichern. Zudem überzieht eine dünne Schicht Sand den Boden. Beste Voraussetzungen für Erosion.

Auf solch einem Acker in der Nähe von Kavelstorf sollen nun ausgerechnet Kartoffeln wachsen. Genau wie Mais entwickeln sie ihre Triebe und Blätter erst spät. Lange in den Frühling hinein lassen sie die Erde somit unbedeckt. Damit die Pflüge und Eggen der Landmaschinen die Erde möglichst effizient bearbeiten können, wurden schon zu DDR-Zeiten störende Hecken entfernt. Die Braunschweiger Geologen zeigen das eindrucksvoll mit Luftaufnahmen: Die deutlich kleineren und häufig mit Hecken umrandeten Ackerschläge in Schleswig-Holstein östlich von Lensahn bilden ein Mosaik; der von Natur aus eher trockene Boden bei Kavelstorf in Mecklenburg-Vorpommern sieht aus wie Patchwork, ist ungeschützt Wind und Wasser preisgegeben. Die Staatsanwaltschaft Rostock kam nach der Massenkarambolage zu dem Schluss, eine so starke Windböe hätten die Landwirte nicht vorhersehen können, und nahm keine Ermittlungen auf. Strafrechtlich sind die Landwirte davongekommen. Einen verantwortlichen Umgang mit ihrem Grund und Boden pflegen sie nicht.

Landwirtschaft, das bedeutet die große Kunst, mit photosynthetisch aktiven Kulturpflanzen Sonnenenergie zu sammeln und in Zucker, Kohlenhydraten, Stärke, Proteinen, Ölen und weiteren natürlichen Stoffen zu speichern, bis zur Ernte oder zur nächsten Vegetationsperiode. Der gesammelten Strahlungsenergie steht der Energieaufwand gegenüber, der zur Bestellung der Äcker aufgewendet werden muss. Dazu zählt auch die Energie, die in Form von Dünger, Pflanzen- und Insektengiften eingebracht wird. Halten sich gesammelte und eingesetzte Energie die Waage, ohne dass die Bodenfruchtbarkeit abnimmt, ist die Landwirtschaft nachhaltig. Das heißt: Sie sorgt für Abwechslung, lässt immer wieder unterschiedliche Pflanzen mit unterschiedlichen Ansprüchen an Nährstoffe und Mikroorganismen wachsen. Sie hat im Blick, dass bestimmte Böden nur bestimmte, standortgerechte Pflanzen ertragen. Sie versorgt den Boden nur mit den Nährstoffen, die er braucht. Und sie kümmert sich durch Hecken, Büsche und eine ständige schützende Pflanzenschicht darum, dass Wind und Regen den empfindlichen Organismus Boden nicht abtragen können.

Doch diese Ansprüche decken sich nicht mit einer Agrarindustrie, die auf Effizienz und Höchstleistung aus ist. Ein Beispiel: 1952 ernteten die Bauern in Baden-Württemberg 23,9

Dezitonnen Winterweizen pro Hektar Fläche. 2010 holten sie mit 69 Dezitonnen dreimal mehr Getreide aus der Erde. Doch zu welchem Preis? Im industriellen Weizenanbau wird heute bis zu zehnmal mehr Energie eingesetzt, als geerntet werden kann. Fossile Kohlenstoffverbindungen werden in Form von Dünger und Giften gegen Unkraut, Tiere und Pilze in den Kreislauf eingebracht und greifen in das komplexe Zusammenspiel von Atomen, Molekülen, Partikeln und Organismen im Boden ein. Ihr in weiten Teilen vom Menschen noch unverstandenes, aber so effektives Zusammenspiel wird beeinträchtigt. Zwar können für wenige Vegetationsperioden reiche Ernten eingefahren werden, doch schließlich stirbt der Boden.

Fruchtbarer Boden und saftige Wiesen sind also keine Selbstverständlichkeit. Nur etwas mehr als ein Zehntel der nicht von Meer bedeckten Landmassen sind für die Landwirtschaft geeignet. Schon immer haben die Menschen in den fruchtbaren Regionen gelebt, die großen Siedlungsgebiete und heutigen Megacitys reihen sich auf fruchtbarster Erde. Die Deutsche Welthungerhilfe erinnert in der Broschüre *Vom Winde verweht, vom Wasser fortgetragen* daran, dass das Silicon Valley einst berühmt für seine Aprikosen und Pflaumen war; dass thailändische Bauern ihre Reisfelder vor den Toren Bangkoks an Bodenspekulanten verkaufen, weil ihnen das ein höheres Einkommen ermöglicht als der Getreideanbau; und dass früher in Mexiko raffinierte Bewässerungssysteme dort für drei Ernten im Jahr sorgten, wo sich heute Mexiko-City ausbreitet. Die Ausdehnung der Städte sei weniger den Slums als der Errichtung von Vorstädten, Industrieparks und Einkaufszentren zuzuschreiben, formuliert die Entwicklungsorganisation.

In den reichen Ländern verbrauchen immer weniger Menschen immer mehr Fläche. 95 Hektar Ackerboden gehen in Deutschland täglich verloren, weil Häuser und Straßen darauf gebaut werden. 800 000 Hektar wurden zwischen 1992 und 2009 auf diese Weise versiegelt. Alle zehn Jahre verliere das Land auf diese Weise eine komplette Getreideernte, errechnete der Deutsche Bauernverband. Über die Hälfte der besiedelten Fläche wird dabei zum privaten Wohnen benutzt. In Deutschland leben immer weniger Menschen, doch der Flächenverbrauch nimmt nicht in gleichem Maße ab. Standen 1993 jedem Bundesbürger noch 36 Quadratmeter an Wohnraum zur Verfügung, waren es 2006 schon 43 Quadratmeter. Die Stoffe dazu, das Material, aus dem die Wohnungen und Häuser gemacht sind, nehmen wir – größtenteils – auch aus dem Boden. Aus einem seiner Grundstoffe – den Silikaten – stellen wir den Beton her, mit dem wir anschließend Flächen versiegeln.

Über tausend Silikatmineralien gibt es, darunter grün leuchtende Smaragde oder blau schillernde Aquamarine. Meist kommen die Mineralien jedoch unauffälliger daher. Ihr zentraler Baustein ist Silicium, nach Sauerstoff das häufigste Element in der Erdkruste. Ist es nicht in den haltbaren Ring, die Kette oder das Gitter eines Minerals eingebunden, ist es eine Verbindung mit Sauerstoff eingegangen und bildet als Siliciumdioxid Quarz, Kieselsteine oder Sand. Als reines Element kommt Silicium in der Natur nicht vor, zu gerne bindet es sich an Sauerstoff. Für die meisten Tiere und Pflanzen ist es ein lebensnotwendiges Spurenelement. Für die moderne Wirtschaft ist es ein wichtiger Rohstoff. Beton, Eisen, Kunststoff – Silicium gibt sich nicht zu erkennen, ist aber überall. Als Ferrosilicium, also in Verbindung mit Eisen, spielt es eine wichtige Rolle bei der Stahlerzeugung. Mit Hilfe der Verbrennung von Unmengen fossiler Energieträger ist Siliciumdioxid an der Zementproduktion beteiligt. Zusammen mit Calciumkarbonat, Tonerde und Eisenoxid wird es bei hohen Temperaturen von 1 450 Grad Celsius zu Klinkern umgesetzt. Zusammen mit Gips und weiteren Zusätzen werden sie zu Zement vermalen. 267,5 Millionen Tonnen stellten die Zementwerke in der Europäischen Union im Jahr 2006 her, der weltgrößte Hersteller China schaffte 813 Millionen Tonnen. Immerhin fünf Prozent trägt die Zementindustrie zum menschengemachten Klimawandel bei – an klimafreundlicheren Materialien wird geforscht. Dabei haben die Wissenschaftler die Klinker im Visier und suchen zum Beispiel nach alternativen Rohstoffen, die sich mit niedrigeren Temperaturen und damit mit weniger Energie brennen lassen.

Eine schillernde Karriere machte Silicium, aufwändig in seine Reinstform gebracht, als Halbleiter in der Computer- und Kommunikationstechnologie. Und als Ausgangsmaterial bei der Herstellung von Silikon lässt es seine Herkunft aus dem Lebensraum Boden schließlich ganz vergessen. Silikone sind ein vom Menschen geschaffenes Kunstprodukt, ein höchst ungewöhnliches und gleichwohl praktisches Zwitterwesen aus organischen und anorganischen Bestandteilen. Dazu wird das halbmetallene Silicium mit Kohlenstoff angereichert. In der Natur kommt das nicht vor, möglich wird es nur mit enormem Energieeinsatz: Die Moleküle von Chlor, Kieselsäure oder Wasser verbinden sich in mörderischer Hitze zu dem elastischen Kunststoff, der dann zu Backformen, Dämmschäumen, medizinischen Geräten oder Farben verarbeitet wird. Als synthetisches Produkt kennt Silikon keinen natürlichen Kreislauf, in den es zurückkehren könnte, wenn wir es nicht mehr brauchen. An den Ort seiner Ausgangsstoffe kehrt das Material aber doch zurück: Weil Silikon in feuchter Umgebung – etwa auf Mülldeponien – nicht abgebaut wird, kann es sich als Sedimentbestandteil in Flüssen oder Seen ablagern. 2,3 Millionen Tonnen Silikon wurden 2007 nach Angaben des Verbandes der chemischen Industrie weltweit hergestellt. Es ist dringend erforderlich, die äußerst langlebigen Waren in einen Recyclingkreislauf zu leiten. Wie sie sich als bislang unbekannter Bestandteil im uralten Organismus Boden verhalten: Wir wissen es nicht.

Asphalt, Beton und Kunstrasen sind die eine Möglichkeit, fruchtbares Land zu vernichten. Ähnlich effektiv ist es, den Kreislauf zu durchbrechen, in den der Boden eingebunden ist und der ihn am Leben hält. Je nach Klima, Zusammensetzung des Ursprungsgesteins und Vegetation können diese Kreisläufe ganz unterschiedlich funktionieren. Erdgeschichtlich sehr alt – und äußerst faszinierend – ist der Kreislauf von Nährstoffen, Wasser und Kohlendioxid im Regenwald. Der steht auf wahrhaft dünnem Boden. Die Tausende von Baum- und Pflanzenarten im tropischen und subtropischen Regenwald nutzen die Erde unter ihrem massigen Wurzelgeflecht – sie bilden dreimal mehr davon als die Bäume in mittleren Breitengraden – eigentlich nur dazu, sich festzuhalten. Die Erde gibt den Bäumen Halt, den Rest regeln sie anders: Ihre Wurzeln nehmen mit Hilfe von Pilzgeflechten in und über der Erde Nährstoffe und Wasser auf. Dieser »kurzgeschlossene Nährstoffkreislauf« lässt die Phase der Humusbildung aus, die wir aus unseren Breiten kennen. Die Konsequenz: Wird das fein austarierte und komplizierte Wurzelsystem aus dem Urwaldboden entfernt, bleibt nicht mehr viel übrig. Trotzdem geschieht genau das: Regenwald wird gerodet, um dann mit Hilfe von enormen Mengen an Dünger und Pflanzengiften Mais oder Sojabohnen anzubauen.

In den vergangenen zehn Jahren hat sich die Anbaufläche von Soja laut Greenpeace in Südamerika – vor allem in Brasilien, Bolivien und Argentinien – verdreifacht. Von 18 Millionen Hektar im Jahr 1995 auf vierzig Millionen Hektar 2005. In diesen Jahren fielen demnach über 70 000 Quadratkilometer Regenwald dem Sojaanbau zum Opfer. Die unscheinbare Bohne lässt auf den ersten Blick nichts von der Bedeutung erkennen, die die eiweißreiche Pflanze mittlerweile weltweit spielt. In China schon vor 5 000 Jahren angebaut und als nahrhaftes Lebensmittel in Form von Mehl, Öl oder Sauce genossen, ernährt sie die Menschen heute meist auf Umwegen: als Tierfutter. In Asien wurde die Hülsenfrucht einst als »heiliges Korn«, »gelber Edelstein« oder »großer Schatz« bezeichnet und hoch geschätzt. Heute füllt sie vor allem die Kassen großer Konzerne wie Cargill, Bunge, Toepfer, Hoechst, Bayer und BASF, die entweder für den Anbau selbst zuständig sind, mit der Pflanze handeln oder die Produktionsmittel – Chemikalien, Dünger, Saatgut – für ihren Anbau liefern. Nicht nur in Lebensmitteln findet sich Soja, sondern auch in Medikamenten, Dünger, Sperrholz, Farben, Lacken, Schädlingsbekämpfungsmitteln, Klebstoffen und Tapeten.

85 Prozent der weltweiten Ernte werden laut der Umweltorganisation WWF jedoch als Tierfutter verwendet. Weil aufgrund des wachsenden Wohlstandes in den Schwellenländern und eines ungebrochenen Hungers auf billige Bolognese-Sauce in den Industrienationen der Bedarf an Fleisch stetig wächst, wachsen auch die Anbauflächen für Sojapflanzen. In die Europäische Union ist die Einfuhr von Soja als Futtermittel vor allem seit 2001 stark gestiegen, nachdem der BSE-Skandal für ein Verbot von Tiermehl sorgte. Wurden 2007 rund 220 Millionen Tonnen Soja angebaut, könnten es 2020 schätzungsweise 280 Millionen Tonnen sein. Vorausgesetzt, der reiche Teil der Menschheit überlegt nicht noch mal genau, ob er wirklich die Hälfte der rund 1,3 Milliarden Hektar zur Landwirtschaft geeigneten Flächen benutzen will, um Tiere zu ernähren. Oder ob nicht statt Bolognese auch eine würzige Tomatensauce serviert werden kann. Hoffnung darauf gibt es. Der Fleischkonsum in den Industrienationen sinkt langsam, aber stetig. Ein enorm anwachsender Fleischkonsum vor allem in China konterkariert diesen Trend. Bücher, die sich kritisch mit dem Verzehr von Fleisch auseinandersetzen, wie *Anständig essen* von Karen Duve oder *Tiere essen* von Jonathan Safran Foer, wurden

zu Bestsellern. Die ethische Frage, wie Tiere leben müssen, damit wir ihr Fleisch billig kaufen können, ist dabei genauso wichtig wie die Tatsache, dass wir zu viele Äcker brauchen, um sie zu füttern.

Die Karriere der Sojabohne ist ein besonders eindrucksvolles Beispiel, aber nicht das einzige. Mais ist mit jährlich fast 700 Millionen Tonnen Jahresproduktion das mengenmäßig wichtigste Getreide. In den USA oder Europa landen auch die gelben Kolben in den Futtertrögen oder werden, neuerdings, in den Tanks von Fahrzeugen verbrannt. David Pimentel, ehemaliger Professor an der Cornell University im Staate New York und einer der kompetentesten Kenner der globalen Landwirtschaft, veröffentlichte zum Ackerbau brisante Zahlen. Der Ertrag und damit auch die Energiebilanz von Ackerfrüchten hängen demnach in einem erschreckend hohen Maß von der Beschaffenheit der Kulturpflanze und von der Art des Landwirtschaftssystems ab. Ob Mais in Indien in traditioneller Weise, das heißt mit menschlicher und tierischer Arbeitskraft und wenig mechanischer und chemischer Energieeinträge oder aber in den USA auf hoch industrialisierte Weise angebaut wird, macht sich in der Energiebilanz substantiell bemerkbar: Das Verhältnis zwischen der im Mais gesammelten (Sonnen-)Energie und der für die Bestellung des Feldes und die Ernte aufgebrachten Energie hält sich bei der indischen Anbauweise in etwa die Waage. In ein Maisfeld in den USA aber wird viermal mehr Energie – vor allem fossilen Ursprungs – eingebracht, als im Mais gesammelt werden kann. Und Mais gehört immerhin zu den effizienten Kulturpflanzen.

Gelangt die Ernte eines Maisfeldes also von einem Acker im Zentrum der USA in die nächstgelegene Mühle, wird dann als Maismehl mit einem LKW an die Ostküste gefahren, im Hafen von Portland nach Hamburg verschifft und schließlich, nach der Verpackung in eine handliche Pfundportion auf einer Palette in das Regal eines Supermarkts in Stuttgart transportiert, um von dort in einer Einkaufstasche in die Küche der beiden Gastgeber des Abendessens getragen zu werden – dann haben sie mit ihrer leckeren Polenta eine wahre energetische Katastrophe angerichtet.

Aber Halt! Die Geschichte muss ja nicht so laufen. Sie können für ihre Beilage zum Braten auch Mais aus ökologischem Anbau in der italienischen Poebene verwenden, der mit dem Güterzug nach Baden-Württemberg gelangte und dementsprechend viel weniger graue Energie mitschleppt. Ein banaler Vergleich? Es ist entscheidend zu wissen, wie viel Erde ein Mensch aufgrund seiner Lebensgewohnheiten und seines Lebensstils beansprucht. Die Herkunft unserer Polenta nimmt Einfluss auf die großräumigen Entwicklungen der Landwirtschaft und damit auf die Art, wie wir Böden trakt(or)ieren. Das verdient unsere Aufmerksamkeit!

Versiegeln wir die Ressource Boden weiterhin gedankenlos mit Straßen und Gebäuden, geben wir ihn der Erosion durch Wind und Wasser preis, verdichten wir ihn durch riesige Landmaschinen oder versalzen und vergiften wir ihn durch falsche Bewässerung, Dünger und Pflanzengifte, ziehen wir uns selbst buchstäblich den Boden unter den Füßen weg. Zahlreiche Spruchweisheiten belegen, dass wir ein ganz gutes Gespür für die existentielle Bedeutung unseres Bodens haben: Einem Menschen, der den Boden unter den Füßen verliert, geschieht in der Regel Schreckliches. Er verliert seinen Halt und seine Grundlagen. Auch wenn wir den ganzen Tag auf ihm stehen und gehen: Boden ist ein atmender, lebendiger Organismus, den wir beachten, kennen und pflegen müssen. Liegt er erst einmal als Staub auf einer Autobahn, ist er unwiederbringlich verloren. Und mit ihm uralte, mannigfache und lebenspralle Geschichten.

Auf dem Holzweg

Ein kluger Förster vertraut seinem Wald. »Ich möchte gar nicht so viel Input liefern«, sagte einmal ein Brandenburger Förster bei einem Waldspaziergang, »was weiß denn ich, was in einigen Jahrzehnten gut für den Wald ist?« Sein Revier liegt im wunderschönen Buchenwald des Biosphärenreservates Schorfheide-Chorin im Nordosten Berlins. In seinem Wald wachsen Traubeneichen auf trockenen Hügeln, an den Hängen Buchen und Hainbuchen, in den moorigen Senken Eschen und Stieleichen und Roterlen an den Ufern der zahlreichen Seen. Dazwischen Linden, Birken, Kiefern und Robinien. Imposant recken sich ihre dicken Stämme dem Laubdach, dem Licht entgegen, dabei ist auch dieser Wald erst 160 Jahre alt. Nun steht er vor gewaltigen Herausforderungen. Denn Brandenburg wird in den nächsten Jahrzehnten noch trockener und wärmer als jetzt schon. Welche Baumarten werden den Klimawandel vertragen? Welche mit womöglich neuen Schädlingen oder Krankheiten zurechtkommen, die der Wärme folgen werden?

Der Klimawandel wird den Wald verändern. Bäume sind zwar Anpassungskünstler und der Wald besitzt mit seinem Artenreichtum gute Voraussetzungen, um sich in neue Verhältnisse zu fügen. Es ist nur fraglich, ob wir ihn lassen. In den vergangenen Jahrzehnten sind die Ansprüche an den Holzlieferanten Wald rasant gestiegen. Gewiss, in den Debatten über mögliche Engpässe bestimmter Rohstoffe taucht Holz selten auf. Mal steht das chinesische Quasi-Monopol auf die Produktion von Seltenerdmetallen im Fokus, ohne die in der modernen Elektronik- und Halbleiterindustrie nichts läuft; mal rückt die Marktmacht der halben Handvoll Konzerne, die dem Rest der Welt die Stahlpreise diktieren kann, in den Mittelpunkt; und die Frage, wann genau wir Peak-Oil – also den Punkt, an dem die maximale Fördermenge von Erdöl überschritten ist – erreichen werden oder ob wir ihn schon erreicht haben, ist sowieso immer interessant. Die Tonlage ist dabei meist recht schrill: Gleich die ganze Elektromobilität gerät in Gefahr oder der Ausbau der Windenergie, und der Ölpreis droht mit Schocks.

An die Knappheit von Holz hingegen sind wir in Mitteleuropa seit Jahrhunderten gewöhnt, vielleicht erregt diese Nachricht deswegen weniger Aufmerksamkeit. Dabei ist die Lage des Waldes dramatisch, vor allem in weit entfernten Regionen. Aber sie verschärft sich auch bei uns.

Im Mai 2011 schrieb Peter H. Leibhold, Geschäftsführer von German Pellets, einem großen Hersteller von Holzpellets, einen offenen Brief an Umweltpolitiker und -verbände. Erbost warf er der Holzwerkstoffindustrie, den Herstellern von Tischen, Treppen, Brettern oder Bauholz vor, sie führe eine Kampagne gegen die energetische Nutzung von Holz. Also auch gegen seine Firma, die Holz zu Stäbchen presst, um sie zu verbrennen und mit ihnen Strom und Wärme zu erzeugen. Mit der Debatte um den Klimawandel und endliche fossile Energieträger kehrt der Kampf um den Rohstoff Holz zurück. Mit Holzpellets wollen Stromkonzerne die Klimabilanz ihrer Kohlekraftwerke verbessern; die Chemieindustrie nimmt Zellulose in den Blick, die als Bioethanol ihren bisherigen Grundstoff Erdöl ersetzen könnte; Hersteller von torffreier Gartenerde warnen, ihnen gingen Ersatzstoffe wie Hölzchen und Rinde aus; seit Jahren wird daran getüftelt, aus Holz Biodiesel herzustellen; und als ökologischer Baustoff gewinnt es im Hausbau wieder an Bedeutung. Die Waldbesitzer freut es, sie verkaufen ihre Stämme zu stetig höheren Preisen.

Diese erbitterte Konkurrenz um die Ressource Holz ist, zumindest in unseren Breiten, uralt. Der Bielefelder Historiker Joachim Radkau beschreibt in seinem Buch *Holz. Wie ein Naturstoff Geschichte schreibt,* wie das zähe Ringen zwischen Bauern und Fürsten um die Nutzung und die Gestalt des Waldes die europäische Sozial- und Rechtsgeschichte geprägt hat. Für die Bauern war der Wald eine verschwenderische Viehweide, auf der sie vor allem ihre Schweine mit Eicheln mästeten. Und er versorgte sie mit Brennholz. Idealerweise war ein solcher Wald ein Niederwald, in dem schnell wachsende Laubbäume eher hohen Sträuchern ähneln. Die Fürsten hingegen interessierten die hohen und wertvollen Bäume des Hochwaldes, in dem es sich auch noch prächtig jagen ließ. Im Rückblick haben in Deutschland die Fürsten gewonnen – zumindest, was die Gestalt des Waldes angeht: Etwa 99 Prozent des Waldes in Deutschland sind Hochwald. Dass er vor allen Dingen aus Nadelhölzern besteht, hat zu allseits bekannten ökologischen Nachteilen geführt.

Monokulturen aus Fichten oder Kiefern beherbergen weniger Arten, sind schädlingsanfälliger und binden weniger Wasser. Was zu der neuen Wendung führt, die der Konflikt um den Wald heute erfährt. Neu ist, dass wir heute nicht nur den direkten ökonomischen Nutzen des Waldes für den Menschen im Blick haben, sondern auch seine Funktion als Mediator im Kohlenstoff- und Wasserkreislauf der Erde und als Lebensraum für ungezählte Tier- und Pflanzenarten. Im Diskurs um den Schutz von Klima und Biodiversität ist der Wald ein entscheidender Faktor. Daraus ergeben sich neue Zielkonflikte. Kann es für den Klimaschutz sinnvoll sein, mit Holz Strom zu erzeugen? Ist es für den Erhalt der Artenvielfalt vielleicht wichtiger, größere Gebiete Wald sich selbst zu überlassen? Ist es für einen Landwirt im Nordosten Deutschlands klimafreundlicher, auf seinen trockenen Äckern Plantagen mit schnell wachsenden Pappeln anzulegen, um aus ihnen Energie zu gewinnen, als dort Mais zum gleichen Zweck anzubauen? In Blockheizkraftwerken aber Palmöl zu verbrennen, das von Plantagen im malaysischen Regenwald stammt, ist für das Klima fatal. Die Konfliktlinien sind also äußerst unübersichtlich.

Im tropischen Regenwald, dem vielleicht bedeutsamsten Ökosystem der Erde, eskaliert der Konflikt um den Wald. Dreizehn Millionen Hektar werden jährlich gerodet und damit ein einzigartiger und ganz erstaunlicher Lebensraum zerstört. Eingriffe wiegen deshalb so schwer, weil der Tropenwald sich in geschlossenen Kreisläufen selbst erhält. So zirkulieren nicht nur die Nährstoffe zwischen den Wurzeln der Bäume, Epiphyten (also Pflanzen, die auf diesen Bäumen siedeln) und der Atmosphäre. Auf den Umweg über den Humus im Boden wird dabei weitgehend verzichtet. Auch einen eigenen Wasserkreislauf unterhält der Urwald. Das mächtige Laubdach verdunstet große Mengen von Wasser, die als Regen in den Wald zurück prasseln. Darum sind weite, zusammenhängende Waldflächen wichtig.

In Brasilien, Indonesien, Malaysia – überall wird einzigartiger und wertvoller Regenwald ungebremst zerstört. Obwohl Indonesien nur 1,3 Prozent der globalen Landfläche bedeckt, besitzt es zehn Prozent der Regenwälder. Dort leben zehn Prozent aller bekannten Blütenpflanzen, zwölf Prozent aller Säugetiere und 17 Prozent aller Vogelarten – und Biologen gehen davon aus, dass wir nur einen Bruchteil kennen. Immer wieder wird dieser Artenreichtum als Argument angeführt, den Wald zu schützen. Schließlich liegen dort »genetische Reserven« zum Beispiel für noch unentdeckte Medikamente. Leider ist der Regenwald ein Schatz, der sich nicht unbeschadet heben lässt. Umweltverbände streiten darüber, ob eine nachhaltige Nutzung von Tropenwald möglich ist. Einige versuchen, mit den Unternehmen der Holz-, Biokraftstoff- oder Chemieindustrie zusammenzuarbeiten, die ihr Geld in und mit dem Wald verdienen. Andere wollen jegliche kommerzielle Nutzung beenden. Einig sind sie sich in der Erkenntnis: So wie bisher kann es nicht weitergehen.

In Indonesien sind laut WWF zwischen 1990 und 2005 Ölpalmenplantagen auf einer Fläche von drei Millionen Hektar angelegt worden, in Malaysia waren es im gleichen Zeitraum 1,87 Millionen. Über die Hälfte der Plantagen sind auf gerodeten Urwaldflächen entstanden. Die beiden sind zu den wichtigsten Anbauländern weltweit geworden, zusammen erreichen sie einen Marktanteil von 85 Prozent an der Jahresproduktion von 46 Millionen Tonnen Palmöl. Palmöl ist inzwischen das wichtigste Pflanzenöl der Welt. Ein Drittel allen gehandelten Öls entstammt den Früchten der Ölpalme. Kein Wunder: In einem gewöhnlichen Supermarkt steckt in so ungefähr jedem zweiten Produkt Palmöl aus dem Fruchtfleisch oder Palmkernöl aus den Samen des Baumes. Waschmittel, Lippenstifte, Kerzen, Cremes, Pommes frites, Schokolade, Margarine, Pizza – Palmöl macht sie saftig, glänzend, geschmeidig oder waschkräftig. Kaum jemand merkt das, nahezu geschmacksfrei oder als chemischer Grundstoff wirkt Palmöl zwar überall, aber verborgen. Oder es wird gleich mit Phosphorsäure behandelt, mit Methanol und Natronlauge versetzt und so zu Biodiesel umgewandelt. Dann landet das Pflanzenöl im Autotank oder einem Blockheizkraftwerk und wird verbrannt. Schade eigentlich.

Die Ölpalme hätte sich bei ihrem Verwandten, dem Olivenbaum, nach einer Marketingstrategie erkundigen sollen. Dessen Früchte erfreuen »kalt gepresst« Feinschmecker auf der ganzen Welt und werden, gefüllt in edle Flaschen, teuer verkauft. Dabei hat auch die Ölpalme etwas zu bieten: Frisches Palmöl duftet nach Veilchen, schmeckt angenehm süßlich und ist reich an den Vitaminen A, E und Carotin. Dieser Inhaltsstoff verleiht ihm einen warmen, roten Farbton. Ursprünglich stammt die Ölpalme aus Westafrika und wird von der Bevölkerung dort sehr geschätzt. Schließlich ist sie mit drei bis vier Tonnen Öl pro Hektar eine der ertragreichsten Ölpflanzen der Welt. Obwohl sie nur zehn Prozent der Anbaufläche von Soja einnimmt, liefert sie eine vergleichbare Menge Öl. Eine nützliche, faszinierende Pflanze, die nur deshalb zum Problem wird, weil ihr riesige Flächen an Urwald weichen müssen.

Palmöl sei »nicht grundsätzlich schlecht«, befindet auch der WWF und gründete darum den Runden Tisch für nachhaltiges Palmöl RSPO (Roundtable on Sustainable Palm Oil). Dort sollen Kriterien für den Anbau von Ölpalmen erarbeitet werden, der den Regenwald schont und den Plantagenarbeitern ein besseres Leben ermöglicht. Über eintausend Unternehmen sitzen inzwischen am Runden Tisch. Sie seien Teil des Problems, aber auch der Lösung, so der WWF. Kritiker, etwa Greenpeace oder die Umweltorganisation Robin Hood, betrachten den Versuch als durchsichtiges »Greenwashing«. Die Richtlinien, die sich die Unternehmen selbst gäben – zum Beispiel keine Primärwälder für Plantagen zu roden, gefährdete Tier- und Pflanzenarten zu schützen und keine Kinderarbeit zu dulden – seien viel zu lasch. Und selbst ihre Umsetzung werde nicht vernünftig kontrolliert, dafür sorgten fehlende staatliche Strukturen und eine hohe Korruption. So trat im Herbst 2012 ein amerikanischer Konzern, der in einem wertvollen Regenwald in Kamerun eine Palmölplantage einrichten und diese als nachhaltig vom RSPO zertifizieren lassen wollte, erst nach großem internationalen Druck aus dem Runden Tisch aus. Der Vorgang zeigt sehr deutlich, dass der RSPO seine Arbeit tun kann, wenn er von kritischen NGOs und Wissenschaftlern begleitet wird – und dass Unternehmen die Nachhaltigkeit im Zweifel ignorieren, wenn sie richtig Geld zu kosten beginnt.

Einen ähnlichen Streit gibt es um das FSC-Siegel, das an Holzprodukte aller Art vergeben wird, etwa an Möbel, Pappe oder Papier. Auch hier streiten Umweltverbände darüber, ob die Vorgaben ausreichend streng gefasst und überprüft werden, um die Lage des Waldes wirklich zu verbessern. Inzwischen hat die Europäische Union nachgezogen und eine Richtlinie erlassen, nach der in den Mitgliedsstaaten nur noch nachweislich legal geschlagenes Holz gehandelt werden darf. Gartenstühle aus jahrhundertealten Bäumen aus dem Regenwald dürfte es demnach eigentlich hierzulande nicht mehr geben. Die Umweltorganisationen bleiben aber skeptisch: Auch hier nennen sie die Vorschriften zu lasch und Kontrollmöglichkeiten in den Holzlieferländern sind oft nicht ausreichend gegeben. Sie empfehlen, wann immer es geht, auf Recyclingprodukte zurückzugreifen, etwa bei Toiletten- oder Druckerpapier. Gartenmöbel lassen sich, werden sie pfleglich behandelt, aus heimischen Hölzern herstellen. Und auch dem Urwald nutzt es außerdem, wenn in der Nudelsauce des reichen Teils der Weltbevölkerung mehr Tomaten und weniger Hackfleisch landen, weil dann weniger Flächen zum Futtermittelanbau gebraucht werden.

Während all der Debatten über Siegel, Hektarflächen und Produktionsmengen sollten wir nicht vergessen, worum es auch geht: um etwas Wunderschönes und Wunderbares. Der sächsische Forstbeamte Hans Carl von Carlowitz schreibt in seiner berühmten *Sylvicultura oeconomica* über die »Endursache der Bäume«: »Finalis causa oder die Endursache ist, dass sie die Erde bekleiden, theils sowohl Winters-Zeit, wenn das Land sonst überall traurig stehet, als im Sommer, wenn es sein Ehren-Kleid angezogen, darneben auch mit ihren Früchten, Laub, Rinden und Holtz den Menschen dienen.« Jeder Baum ist ein Wunderwerk. Wie in der Luft, im Meer und im Boden laufen in ihm komplizierteste Vorgänge ab, unhörbar und unsichtbar. Mit der Photosynthese stellt der Baum Blätter, Holz und Früchte her, er pumpt und verdampft Wasser, er schnauft Luft. Jeder Baum ist ein Individuum, keiner gleicht einem anderen. Auch sein Holz hat viele Facetten: Aus weichem Balsaholz lassen sich Flugzeugmodelle bauen, aus hartem Ebenholz Schmuck oder Ritualfiguren schnitzen. Noch heute wachsen nahe alter maritimer Zentren, etwa bei Lübeck, Eichenwälder und bezeugen, wie wichtig ihr Holz lange Zeit für den Schiffbau war.

Aber Bäume sind mehr als Holz, Blätter und Wurzeln. Sie sind komplexe Lebewesen. Bäume können miteinander kommunizieren. Sie senden Geruchsstoffe aus, um Artgenossen vor Gefahren zu warnen. Durch diese chemischen Botschaften werden Schutzmechanismen zum Beispiel gegen Fressfeinde ausgelöst. Pflückt sich eine Giraffe etwa Blätter einer Akazie, bilden die in Windrichtung gelegenen Nachbarbäume in ihren Blättern einen Stoff, den die Giraffen schmähen. Diese Kommunikationsvorgänge sind noch nicht sehr lange bekannt und lassen sich verständlicherweise kaum spezifizieren. Wie sieht die Nase eines Baumes aus? Eher unscheinbar. Wahrscheinlich senden und empfangen Bäume die informativen Moleküle durch Spaltöffnungen in den Blättern.

Für einen Baum ist seine Boten- und Aromaabteilung allerdings nur eine kleine Einheit einer außergewöhnlichen Materialproduktions- und Stoffumwandlungsanlage. Da ist zunächst einmal das Wasser, das über Blätter und Wurzeln in einem stetigen Austauschprozess mit der Umgebung steht. Der Baum verteilt und speichert das Wasser und wandelt es in Energie und Biomasse um. Selbst ein Riese wie der Küstenmammutbaum, der an der nordamerikanischen Pazifikküste Höhen von 120 Metern erreicht, versorgt noch die letzte Nadel seines allerhöchsten Astes mit Wasser. Dazu verfügt er über ein ausgeklügeltes System haarfeiner Kapillaren, das den gesamten Baum durchzieht.

Die Effizienz, mit der Bäume Wasser und Nährstoffe nutzen, und die Fähigkeit, sich verschiedensten Standorten anzupassen, haben zu ihrer Verbreitung über fast den ganzen Planeten auf noch so kargen Böden geführt. Bäume leben nicht nur, sie sind auch wichtiger Lebensraum für unzählige Pflanzen und Tiere. In der Krone einer mitteleuropäischen Stieleiche leben bis zu 350 verschiedene Insektenarten, in anderen Arten bis zu tausend. Das weist die Eiche als sehr alte Art aus: Die Spinnen, Fliegen und Käfer hatten lange Zeit, sich im Laufe der Evolution speziell an diesen Baum anzupassen. Das Leben von Bäumen, erst recht das von Wäldern, überspannt weitere Zeiträume als das des Menschen.

Wer sich mit Bäumen und dem Wald befasst, braucht einen langen Atem. Das Arbeitsleben eines Menschen ist nur ein Wimpernschlag im Leben eines Waldes, der diesen Namen verdient. In ihm wachsen neben jungen Bäumen alte, deren Jahresringe von mehreren Jahrhunderten Zeugnis geben. Sterben sie ab, knicken sie um und reißen eine Lücke in das Dach des Waldes. Von unzähligen kleinen und kleinsten Lebewesen werden sie zersetzt und bieten die Nährstoffe für den neuen Baum, der an dem nun sonnenbeschienenen Ort wachsen wird. Auch ein Wald lebt – durchströmt und durchwabert von Wasser und Luft – in ewigen Kaskaden und Kreisläufen. Einmal abgeholzt, geht er beinahe unwiederbringlich verloren. Die Förster in Mitteleuropa haben das ansatzweise schon vor dreihundert Jahren erkannt. Auch wenn bei ihnen vielmehr die Sorge im Mittelpunkt stand, dass ihr Forst ihnen nicht mehr genug Holz liefern könnte.

Carlowitz, der für den Holznachschub in Sachsens Silberbergwerken verantwortlich war und sich nicht nur als erwiesener Liebhaber des Waldes, sondern auch qua Amt Sorgen über den Baumbestand seiner Heimat machte, fand ein Wort für die Art und Weise, wie ein Forst bewirtschaftet werden müsse, um stetig genug zu liefern: »Nachhaltend« müsse seine Nutzung sein. Obwohl Carlowitz selbst diesem Begriff keine besondere Bedeutung zumisst und ihn in seinem dicken Wälzer nur ein einziges Mal erwähnt, hat die Nachhaltigkeit, vor allem in den vergangenen dreißig Jahren, eine steile Karriere gemacht. Kaum ein Unternehmen, eine Stadt oder ein Land, das sich nicht nachhaltig entwickeln wollte. Ulrich Grober begibt sich in seiner *Kulturgeschichte der Nachhaltigkeit* auf seine Spuren und versucht, ihm einen zeitgemäßen Sinn zu geben. Demnach heißt nachhaltiges Konsumverhalten, etwas »loslassen, unterlassen, unversehrt lassen. Etwas nicht tun, obwohl man es könnte«.[4] Dafür müssen wir verinnerlichen und anerkennen, dass der Wald mehr für uns leistet, als uns Rohstoffe zur Verfügung zu stellen. Die Lebenszeit eines Baumes dürfen wir für diese Erkenntnis allerdings nicht brauchen. Wird in Indonesien im gleichen Tempo weiter Wald gerodet, wie bisher, ist der Tieflandregenwald in zehn Jahren vernichtet.

Der Boden, der Wald, die Atmosphäre, das Wasser – sie bilden die Grundlage für das Leben auf der Erde. Solange ihre Kreisläufe ungestört funktionierten, haben wir sie gar nicht zur Kenntnis genommen. Genauso wenig wie einen Tisch, der auf festen Beinen ruht und täglich den Mittelpunkt unserer Mahlzeiten und Gespräche bildet. Wir beachten ihn erst dann, wenn er zu kippeln beginnt.

3 Der Preis unseres Essens – die Rechnung zahlen andere

Das Stuttgarter Paar kocht gerne und meistens gut. Das Essen für ihre Gäste soll lecker, aber nicht zu kompliziert sein. Vormittags haben sie im Supermarkt die Zutaten eingekauft, haben ihren Wagen zu den Obst- und Gemüseständen geschoben, sich an Ölen und Kaffee bedient und Sahne und Butter eingeladen. An der Fleischtheke haben sie einen Braten aus dem Schweinerücken geordert, zum Schluss noch ein paar Weinflaschen. Etwas zwischen 60 und 80 Euro werden sie für ihren vollen Einkaufswagen ausgegeben haben – sehr wenig für die Menge an zum Teil aufwändig produzierten Lebensmitteln.

Der Deutsche Bauernverband hat errechnet, dass die Verbraucher in Deutschland 1925 noch rund die Hälfte ihres Einkommens für Lebensmittel ausgeben mussten, 2009 waren es nur noch 11,2 Prozent. Zugleich ist die Nahrung vielfältiger und eiweißreicher als früher. 1900 vertilgten die Deutschen im Durchschnitt jährlich 271 Kilo Kartoffeln, 139 Kilo Brot, 47 Kilo Fleisch und 61 Kilo Gemüse und Salat. Gute hundert Jahre später aßen sie nur noch knapp 60 Kilogramm Kartoffeln und 84 Kilo Brot, dafür aber 88 Kilo Fleisch und 90 Kilo Gemüse. Eindrucksvoll auch der Vergleich von Obst und Eiern: Ihr Verbrauch stieg von 43 Kilo und 90 Stück im Jahr 1900 auf 70 Kilo und 211 Stück im Jahr 2009.

Hochwertigere Lebensmittel für viel weniger Geld werden möglich durch die effizient und global arbeitende moderne Landwirtschaft. Ihre Grundlagen – Boden, Erdöl, Wasser – behandelt sie dabei so, als seien sie unbegrenzt verfügbar. Dieser

Lebenslüge haben wir die niedrigen Preise für unsere Lebensmittel zu verdanken. Es ist an der Zeit, dass wir die wahre Rechnung begleichen.

Der große Unbekannte

»Wir mögen fähig sein, Kohle durch Atomkraft, Holz durch Plastik, Fleisch durch Hefe und Einsamkeit durch materiellen Wohlstand zu ersetzen – aber für Phosphor gibt es keinen Ersatz«[5], schrieb der geniale Biochemiker und Science-Fiction-Autor Isaac Asimov in seiner Aufsatzsammlung *On Chemistry*. Über seine Überlegungen zu Atomkraft oder Plastik lässt sich streiten – allerdings schrieb der virtuose Schriftsteller seine Gedanken in den fortschrittsgläubigen Jahren zwischen 1959 und 1966 auf. In Sachen Phosphor jedoch zeigte er sich seiner Zeit weit voraus. In der Natur kommt das hochgiftige Element nur in seiner harmlosen, mineralischen Form vor – dem Phosphat – und gehört zu den knappen Ressourcen. Das ist zwar bekannt. Die Dimension dieser Nachricht hat die Öffentlichkeit aber noch nicht recht erfasst: Die stoffliche Grundlage für unseren enormen Überfluss an günstigen Lebensmitteln wird in absehbarer Zeit zur Neige gehen. Dass die Bauern in den reichen Ländern des Nordens ihre Produktion in den vergangenen fünfzig Jahren um das Drei- bis Vierfache steigern konnten, liegt unter anderem auch an der Verfügbarkeit von wirksamen mineralischen Dünge- und Pflanzenschutzmitteln. Ein wichtiger Bestandteil: Phosphat.

Wann die verfügbaren Vorkommen abgebaut sein werden, ist unklar, je nach Rechenmethode in zwanzig oder in 200 Jahren. Zugleich sammelt sich das verbrauchte Phosphat in Flüssen, Seen und Ozeanen in zu großen Mengen an. Knappheit zu Beginn der Produktionskette, Übermaß an ihrem Ende – in den vergangenen hundert Jahren haben wir den im Laufe der Evolution fein austarierten Kreislauf des Phosphors in eine Sackgasse verwandelt.

Phosphor ist einer der sechs Grundbausteine des Lebens. Alle lebenden Organismen bestehen beinahe gänzlich aus Sauerstoff, Wasserstoff, Kohlenstoff, Stickstoff, Schwefel und eben Phosphor. In Pflanzenzellen ist er, zusammen mit Zucker und Stickstoff, direkt an der Energieerzeugung beteiligt. Sie bilden das Molekül Adenosintriphosphat: ATP. Das ist ein einprägsamer Name für einen Kraftstoff. Trifft nämlich ein Wassermolekül auf das ATP, setzt es eine Phosphatgruppe und Energie frei. Mit dieser Energie kann die Pflanze wachsen, blühen oder ihre Wurzeln ausstrecken. Das ATP mit drei Phosphatgruppen hat sich dabei in Adenosindiphosphat mit zwei Phosphatgruppen verwandelt, in ADP. Genial ist, dass sich das ADP-Molekül wieder aufladen lässt. Die Pflanzenzelle fügt ihm eine neue Phosphatgruppe zu und erhält ein neues ATP-Molekül. Dazu benötigt sie Sauerstoff, Licht und Wasser. ATP – ADP – ATP und so weiter, immer fort. Für die Menschheit ist erneuerbare Energie die Zukunft – für Pflanzen ist sie ein alter Hut, den sie seit Jahrmillionen weiterreichen, an jede Generation neu. Auch dabei spielt Phosphor mit, als ein Bestandteil des Erbgutes, der DNA.

Zwar braucht die Pflanze nur winzige Mengen an Phosphat. Doch diese braucht sie unbedingt. Fehlt es an diesem Stoff, kann die Pflanze nicht gedeihen. Die Natur stellt Phosphate im Boden zur Verfügung. Zum einen finden sie sich in Sedimenten, entstanden aus dem Vulkangestein Magma oder aus den Knochen und Zähnen von Tieren, die vor Jahrmillionen auf der Erde gelebt haben und ihre sterblichen Überreste nun neuen Lebewesen zur Verfügung stellen. Zum anderen aber sind Phosphate in Pflanzen und Tieren selbst gespeichert. Einen Teil davon scheiden sie stetig aus. Werden sie gefressen, verwelken oder sterben sie, wird das Phosphat von anderen Tieren und Pflanzen aufgenommen. Phosphor wandert so in lokalen Kreisläufen, von der Pflanze ins Tier, in den Boden, zurück in die Pflanze, wieder ins Tier … Er schlägt dabei essentielle Brücken zwischen Geosphäre und Biosphäre, zwischen Lebendigem und Totem. Nicht nur Pflanzen sind auf das Element angewiesen. Jeder erwachsene Mensch schleppt etwa 3,5 Kilogramm Phosphat mit sich herum: in seinen Knochen, Zähnen, Muskeln und ebenfalls als Teil seines Erbgutes, der DNA. Ein guter Teil davon wird ausgeschieden – und über die Nahrung wieder aufgenommen.

Die Erkenntnis, dass Phosphate in Form von Knochenmehl, Mist oder Vogelkot als Dünger für die Landwirtschaft unersetzlich sind, hat zu einem weltumspannenden Phosphatmarkt geführt. Schon Ende des 19. Jahrhunderts streuten unsere Bauern Guanodünger auf ihre Äcker, den Vogelkolonien in Hunderten von Jahren auf der Ecuador vorgelagerten Insel Nauru hinterlassen hatten. Schiffe brachten ihn von Südamerika nach Europa. Zu gleicher Zeit wurde in den Stahlwerken Thomasmehl, eine phosphatreiche Schlacke, als wertvolles Nebenprodukt gewonnen und als Dünger verwendet. In den letzten Jahrzehnten werden hingegen mehr und mehr mineralische Phosphate eingesetzt, die in Lagerstätten in Marokko, den USA, Russland und China abgebaut werden.

Doch der höhere Ertrag der Landwirte hat seinen Preis. Durch Überdüngung gelangen die Phosphate in die Gewässer, wo sie das Wachstum der Wasserpflanzen fördern. Sterben sie ab, werden sie von Mikroorganismen mit Hilfe von Sauerstoff abgebaut. Übersteigt das Wachstum der Pflanzen aufgrund des großen Nährstoffangebotes ein gewisses Maß, steht nicht mehr ausreichend Sauerstoff zur Verfügung – der See erstickt. Stickstoffverbindungen, die ebenfalls als Düngemittel eingesetzt werden, wirken übrigens ähnlich.

Phosphate dienen nicht nur als Dünger; sie sind auch Basis einiger besonders wirksamer Pflanzengifte. Sie werden in der industriellen Landwirtschaft eingesetzt, um Pflanzen vor Schädlingen zu schützen. Giftig sind sie allerdings nicht nur für Insekten, sondern auch für andere Lebewesen. Janusköpfig präsentiert sich also auch diese Phosphorgeschichte: einerseits ein die Erträge des Landwirts sicherndes Allheilmittel, andererseits ein schleichendes Gift mit kaum bekannten Langzeitwirkungen.

Die Landwirtschaft hat den Phosphorkreislauf nicht alleine ins Schlingern gebracht: Waschmittel auf der Basis von Polyphosphaten eroberten seit den fünfziger Jahren des vergangenen Jahrhunderts die Waschmaschinen. Diese sogenannten Detergentien, neuartige, flüssige und waschaktive Substanzen, verdrängten die althergebrachten Seifen rasend schnell. Da sie mit dem Abwasser oft direkt in Bäche, Flüsse und Seen gelangten, entfalteten sie ihre Nebenwirkungen sehr effektvoll. Die Bäche begannen zu stinken und wabernde Schaumkronen mit sich zu führen. Als Reaktion darauf wurden in Kläranlagen die Phosphate ausgefällt und Höchstmengen für sie in Waschmitteln festgesetzt. Auch die Landwirte setzen seit den achtziger Jahren weniger Phosphatdünger ein. Flüsse und Seen erholten sich daraufhin etwas vom Würgegriff der Algenpest – geheilt sind sie noch nicht. In Gegenden mit intensiver Massentierhaltung, etwa in Niedersachsen, sind die Gewässer noch immer hoch belastet. Und auch die Ostsee leidet an einem Zuviel an Phosphaten.

Weltweit werden Jahr für Jahr viele tausend Tonnen in die Ozeane geschwemmt, wo sie von Organismen resorbiert werden. Sterben diese ab, sinken sie auf den Grund und bilden dort Sedimente. Dieser langsame, aber unaufhörliche Vorgang weist auf die Unumkehrbarkeit der Phosphorgeschichte hin. Nicht, dass die Phosphate abgebaut, zersetzt würden, nein, sie gehen verloren und entziehen sich dem zukünftigen Zugriff. Wir lassen das zu, obwohl wir die Bedeutung der Phosphate noch gar nicht ganz verstanden haben. Wir wissen zwar, dass Calciumphosphat Zähnen und Knochen mechanische Stabilität gibt. Doch wie es dort in nutzbringenden Formen positioniert wird und wieso gebrochene Knochen wieder zusammenwachsen können, das gilt es noch herauszufinden. Einmal in einen Knochen gelangt, kann Phosphor dort für Jahrhunderte gebunden werden. Um irgendwann in den Stoffkreislauf zurückzukehren.

Auch sein Entdecker hat die Bedeutung des vielgesichtigen Elements nicht verstanden. 1669 versuchte der Apotheker und Alchemist Hennig Brandt im geschäftigen Hamburg, Gold herzustellen. In mühseliger Plackerei ließ er goldgelben Urin in einer dickbauchigen Glasretorte eindampfen. Schon wähnte er sich dem Ziel seiner Alchemistenträume nahe. Er schürte die Kohlenglut, um mit dem nun größeren und konzentrierteren Hitzestrom die ersehnte Transmutation im übriggebliebenen Urinaschehäufchen zu erzwingen. Da erstrahlte seine Glasretorte in geheimnisvoll fahlem, grünlich-gelbem Licht. Gold hatte Brandt offensichtlich nicht hergestellt, aber immerhin eine leuchtende Substanz: Phosphor. Griechisch bedeutet »Φος« (»phos«) Licht und »Φορος« (»phoros«) Bringer. Der »Lichtbringer« war ein noch unbekanntes Element. Heute weiß man, dass das Leuchten durch sogenannte Chemolumineszenz hervorgerufen wird, das heißt, die bei einer chemischen Reaktion entstehende Energie wird in Form von Licht abgegeben.

Die Kunde von diesem sensationellen Experiment verbreitete sich in den Kreisen der Alchemisten und Scharlatane sehr rasch. Die Wundersubstanz wurde mit Gold aufgewogen. Reich wurde Brandt aber nicht. Er verkaufte das Rezept an den Alchemisten Johann Daniel Kraft. Dieser führte an Fürstenhöfen und auf Jahrmärkten das spektakuläre Leuchten einem staunenden Publikum gegen Bezahlung vor. 1677 zeigte er seinen Licht- und Geldbringer dem britischen Naturforscher Robert Boyle. Der irische Adelige versuchte, mit Experimenten zu verstehen, was die Welt im Innersten zusammenhält; er gilt als Begründer der analytischen Chemie. 1680 nahm er sich den Leuchtstoff vor und zeigte, dass das geheimnisvolle Leuchten durch eine Reaktion zwischen Phosphor und Luft zustandekommt, dass der Phosphor also verbrennt, und die Heftigkeit dieser Reaktion bewirkt, dass ein geheimnisvolles, viel helleres Licht als bei der Verbrennung von Kohle leuchtet. Schließlich ersetzte Boyle das Brandt'sche Urinkochen durch ein effizienteres Herstellungsverfahren. Das Ergebnis ist heute als weißer Phosphor bekannt. Damals nannte man ihn »Phosphorus mirabilis«. Der Alchemist Johannes Kunckel von Löwenstern, der im Auftrag des Kurfürsten Friedrich Wilhelm von Brandenburg forschte, gab ihm diesen klangvollen Namen. Außerdem stellte er fest, dass der wundersame Phosphor in feuchter Luft schon bei 0° Celsius gleichzeitig mit der oben beschriebenen Lichterscheinung (Phosphoreszenz) zunächst in Phosphansäure (früher als phosphorige Säure bezeichnet) und schließlich in Phosphorsäure umgewandelt wird. Die zugrundeliegenden chemischen Prozesse – die Reaktion mit Sauerstoff und anschließend mit Wasser – wurden allerdings erst hundert Jahre später vom Begründer der modernen Chemie, Antoine Lavoisier, erkannt.

Die chemische Industrie wusste die hohe Reaktionsfähigkeit und Entzündlichkeit des weißen Phosphors zu nutzen. Seit dem 19. Jahrhundert wurden zunächst in Frankreich, dann in England Zünd- und Streichhölzer auf Phosphorbasis hergestellt. Auch im schwedischen Städtchen Jönköping begannen Carl und Johan Lundström mit der Produktion von Streichhölzern. Die Arbeitsbedingungen in den frühen Manufakturen müssen schrecklich gewesen sein: Weißer Phosphor löst die tödliche Krankheit Phosphornekrose aus, die Zähne und Kieferknochen zersetzt. 1844 entdeckten die Gebrüder Lundström, dass sich weißer Phosphor in roten Phosphor umwandeln lässt. Dieser lässt sich unter geringer Energiezufuhr entzünden, ist aber im Gegensatz zu seinem blassen Verwandten nicht giftig: das »Svenska Sikkerhet Tändsticks«, das Sicherheitszündholz, war erfunden. Elf Jahre später gab es dafür einen Preis auf der Pariser Weltausstellung. Der Traum vom Feuer aus der Schachtel war erfüllt. Und das in einer Zeit, die weder elektrischen Strom noch elektrisches Licht kannte.

Eine verheerende Wirkung entfaltete Phosphor als Zündmittel in Kriegen. Im Vietnamkrieg gossen die amerikanischen B-52-Bomber tödliche Feuerfluten über Dörfer, Menschen und Tiere und hinterließen schreckliche, kaum heilende Brandwunden. Phosphor diente als Zünder der aus Benzin, Naphthensäure und Palmitinsäure gefertigten Napalmbomben. Schon früher, im Zweiten Weltkrieg, waren Zehntausende von Menschen in Hamburg und Dresden in den durch Phosphorbomben entzündeten Feuerstürmen gestorben.

Kein Zweifel, die Phosphorgeschichte ist verwirrend, eine fast zufällige Entdeckungsreise in die Welt der lebendigen organischen und toten anorganischen Stoffe, die von der Pflanzenzelle über die Faszination des grünlich-gelblichen Leuchtens bis in die Rüstungsindustrie führt. Die ganze Phosphorgeschichte, die in Raum und Zeit abläuft, ist nur zum Teil bekannt. Die Akteure, die an dieser Geschichte bewusst oder unbewusst, mit Interesse, Bedacht oder aber mit üblen Absichten teilhaben, wissen kaum voneinander oder wollen nicht voneinander wissen. Sie wollen vor allem von dem ihnen nützlichen Ausschnitt der Phosphorgeschichte profitieren. Ein Kreislauf lässt sich jedoch nicht ungestraft durchbrechen. Am Beispiel des Phosphors mit seinen widersprüchlichen Eigenschaften können wir das exzellent beobachten.

Alles aus Zucker

Wenn es auf diesem Planeten eine lange währende, süße Liebesgeschichte zwischen zwei Stoffen gibt, dann ist es die zwischen Wasser und Kohlendioxid. Die beiden verschmelzen mit Hilfe wärmender Sonnenstrahlen zu Zucker. Zucker ist der Superbaustein der Biosphäre: Das Glucosemolekül und seine Abkömmlinge stellen bei den meisten Lebewesen, ob Tier oder Pflanze, den Hauptenergiespeicher und Hauptbaustein dar. Pflanzen speichern Zucker dabei meist in Form von Stärke und nutzen ihn in Form von Cellulose als Strukturbaustein ihrer Zellwände. So bestehen Baumwollfasern beispielsweise gänzlich aus Cellulose, Holz immer noch zur Hälfte. Nicht nur bei Pflanzen ist Zucker begehrt. Schon kleine Kinder bevorzugen eher süße Kost. Durchschnittlich 35 Kilogramm vertilgen die Mitteleuropäer pro Kopf jährlich, das sind 14 000 Stück Würfelzucker à 2,5 Gramm. Oftmals tragen sie schwer daran …

Es ist nicht mehr festzustellen, wann die Menschen begannen, ihr Leben mit Zucker zu versüßen. Nur wenige historische Belege liefern Hinweise auf seinen frühen Einfluss auf die Kulturgeschichte der Menschheit. Vor mindestens 15 000 Jahren taucht das Zuckerrohr als Kulturpflanze in Melanesien, später in Polynesien auf, also auf den kleinen Inseln östlich Australiens. So wichtig war ihren Bewohnern das Zuckerrohr, das sie auf ihren Bootsfahrten als Energiespender kauten, dass sie es in ihre Schöpfungsgeschichten aufnahmen. Die Legende erzählt: »Am Anfang lebten nur Männer auf der Erde. Eines Tages zogen Fischer in ihrem Netz ein Stück Zuckerrohr aus dem Meer, doch sie warfen den Stängel in die Fluten zurück, weil er ihnen wertlos erschien. Als sie das ausgeworfene Netz von neuem ins Boot zogen, kam das unscheinbare Grünzeug wieder als Beifang zurück. Nun erkannten die Fischer im Vorkommnis einen Wink der göttlichen Vorsehung. Sie pflanzten den Steckling in fruchtbaren Boden. Er trieb aus, blühte und wurde zu einer Frau, die während des Tages im Rohr verborgen blieb, nachts jedoch herauskam, um den Männern Essen zu kochen.«

Langsam, langsam machte sich das Zuckerrohr auf den Weg und wanderte zunächst nach Norden. Etwa 8000 vor Christi Geburt gelangte es nach Neukaledonien, 4000 Jahre später auf die Philippinen und von dort nach Indien. Stationen auf dem erfolgreichen Weg des Zuckerrohrs sind Südostasien und Persien. Dort werden Zuckerrohrstängel schon um 1000 vor Christi Geburt als Aphrodisiakum gekaut. Nach und nach führt der Siegeszug des Zuckers immer weiter nach Westen. Vorerst bleibt er ein Luxusgut. Im antiken Europa genießen ihn nur die Reichen als teure Importware. In der Kaiserstadt Rom wird er als Saccharum (Griechisch: »sakcharon«; Indisch: »sarkara«) genutzt. In seinem berühmten Kochbuch *De re coquinaria* gibt der römische Feinschmecker Apicius im ersten Jahrhundert nach Christus nicht Zucker als Süßmittel an, sondern meist den erschwinglicheren und besser verfügbaren Honig. Der genoss schon bei den Ägyptern einen vorzüglichen Ruf als Naturprodukt mit magischer, lebensverlängernder Wirkung – und lieferte noch lange Zeit die Süße für die Speisen der Bevölkerung. Gewonnen in der Regel von wilden Bienenschwärmen, wurde Honig überall in vielfältiger Weise in Nahrungsmitteln verarbeitet. Kelten und Germanen schätzten ihn als Wein, dem Met, die Christen auch deshalb, weil er im Alten Testament wiederholt genannt wird.

Erst mit den Kreuzzügen gelangte der Zucker – der Name kommt von dem arabischen Wort »sokkar« – wieder ins Abendland, allerdings nur langsam, denn er war nach wie vor unglaublich teuer. Im Spätmittelalter hatte ein Kilogramm Zucker den Wert von hundert Kilogramm Weizen, bisweilen sogar denjenigen von zwei Mastochsen. Deshalb wurde Zucker weniger als Nahrungs- denn vielmehr als Heilmittel angesehen. Im 13. Jahrhundert verkauften ihn die Apotheken als Medizin gegen Verstopfung, Blähungen und Koliken. Noch im 14. Jahrhundert verabreichten Iatrochemiker – eine Mischung aus Apotheker, Alchemist und Mediziner – Zucker als Lebenselixier. In den Küchen selbst reicher Leute tauchte er kaum auf.

Erst zu Beginn des 16. Jahrhunderts kündigte sich ein rascher Verfall des Zuckerpreises an. Amerikaerkunder Christoph Kolumbus hatte auf seiner zweiten Fahrt in die Karibik Zuckerrohrsetzlinge an Bord. Auf der Insel Santo Domingo, die Kolumbus La Isla Española (die Spanische Insel), die Einheimischen aber Ayti nannten, waren die klimatischen Bedingungen so gut, dass schon bald reiche Ernten eingebracht wurden. Genügend Brennholz für das Sieden des Zuckers gab es auch. Wenig später wurde auch in den neu eroberten Kolonien in Lateinamerika Zuckerrohr angebaut. Das große Geschäft mit dem weißen Gold begann. Doch der Anbau war beschwerlich, die Ernte des Zuckerrohrs von Hand ist eine sehr harte Arbeit – bis heute. Ein philippinisches Sprichwort sagt: »Zucker ist süß für die, die ihn essen, süßer für die, die an ihm verdienen, und bitter für jene, die ihn produzieren müssen.«[6]

Viele Eingeborene verweigerten die Arbeit daher oder überlebten die Strapazen nicht. Anfang des 16. Jahrhunderts begannen die Kolonialherren deshalb, Menschen des südlichen, mittleren und westlichen Afrikas zu fangen und als Sklaven auf die Plantagen zu verschleppen. In den nächsten drei Jahrhunderten wurden rund zehn Millionen Afrikaner zu der Fahrt nach Übersee gezwungen. Für viele endete sie tödlich. In der Neuen Welt schufteten sie bei schlechter Ernährung täglich bis zu achtzehn Stunden. Für die Plantagenbesitzer und Händler war dies ein einträgliches Geschäft. Ein Sklave produzierte vier bis fünf Tonnen Zucker pro Jahr und »amortisierte« sich so innerhalb von zwei Jahren. Die Lebenserwartung der Sklaven war niedrig: Auf Jamaika lag sie Ende des 18. Jahrhunderts bei 26 Jahren.

Der permanent steigende Bedarf an Sklaven führte zum sogenannten »Dreieckshandel« zwischen Europa, Westafrika und der Karibik: Zucker und Baumwolle wurden nach Europa verschifft, Manufakturprodukte wie Waffen, Stoffe oder auch Salz von dort nach Afrika exportiert und afrikanische Sklaven in die Karibik gebracht. Allein von Liverpool aus starteten zwischen 1750 und 1800 rund 1000 Schiffe, die sich zu Sklaventransporten zwischen Amerika und Afrika aufmachten. Es ist der Beginn der Globalisierung und der damit verbundenen globalen sozialen Fragmentierung: Am Anfang der Zuckerwertschöpfungskette darben die aus Afrika verschleppten Sklaven. Am anderen Ende zerfrisst das weiße Gold den Kolonialherren die fauligen Zähne.

Vom 16. Jahrhundert an wird Zucker zum leicht verfügbaren Konsumgut, nun vor allem verwendet als Genussmittel und nicht als Kraftspender. Zu Recht. Biochemisch betrachtet ist Zucker ein »leeres« Lebensmittel – er enthält weder Vitamine noch Mineralien. Die Zuckerrohrpflanze ist ein riesiges Gras, bei einem Durchmesser von fünf Zentimetern kann es bis zu fünf Meter hoch werden. Die Süße steckt in seinem Inneren, dem Mark. Man kann es auslutschen; um in großem Stil Zucker zu gewinnen, werden die Halme in Fabriken gemahlen und ausgepresst. Der gewonnene Zuckersaft wird erhitzt und mit Kalk versetzt, der Verunreinigungen aufnimmt. Bei weiterem Erhitzen trennt sich der Saft in Kristallzucker und Melasse. Dabei werden auch die Mineralstoffe von den Zuckerkristallen getrennt. Der Prozess des Erhitzens in Wasser wird Raffination genannt. Je öfter der Zucker raffiniert wird, desto weißer wird er. Während dieser Arbeitsschritte bleiben viele Pflanzenteile und Rückstände übrig, die als Rohstoffbasis etwa zur Papierherstellung dienen oder als Dünger wieder auf die Felder gebracht werden.

Zucker versorgt den Körper zwar kurzzeitig mit Energie, doch diese verpufft schnell wieder. Trotzdem scheint die Vorliebe für Süßes dem Menschen angeboren zu sein – schon Kleinkinder bevorzugen eher süße Nahrungsmittel. Vielleicht, weil Zucker bewirkt, dass der Körper Glückshormone ausschüttet. Die Weltgesundheitsorganisation (WHO) empfiehlt, höchstens zehn Prozent der täglichen Energiezufuhr mit Zucker abzudecken. Mehr davon ist ungesund. Das heißt: Eine erwachsene Frau sollte täglich nicht mehr als etwa zwanzig, ein erwachsener Mann etwa 25 Stückchen Würfelzucker zu sich nehmen. Der reale Konsum übertrifft diese Werte bei weitem: Rund 38 Stückchen verputzen Mitteleuropäer im Schnitt täglich.

Der erste Würfelzucker der Welt entstand übrigens in Mähren aus Liebe: Juliane Rad, verheiratet mit dem Direktor der Datschitzer Zuckerraffinerie, Jacob Christoph Rad, hatte sich am Finger verletzt, als sie für ihren Besuch Zucker aus den damals üblichen Zuckerhüten herausbrechen wollte. Daraufhin erfand ihr Mann die Würfelzuckerpresse und stellte die ersten Würfelzucker her. Er schenkte sie, mit roter Lebensmittelfarbe gefärbt, seiner Frau zur Erinnerung an den Unfall – sie hatte nämlich den teuren Zucker ihren Gästen auch blutgetränkt angeboten. Von solcher Wertschätzung ist heute wenig übrig: »Zucker ist zu nichts nütze, aber er macht süchtig«, fasst der Journalist Henry Hobhouse das Zuckerdilemma in der modernen Ernährung zusammen.[7]

Bereits um 1800 aß ein Engländer im Durchschnitt acht Kilogramm Zucker im Jahr, obwohl die Konsumenten von den Zuständen auf den Plantagen und dem Elend der Sklaven wussten. Produzenten und Händler von Zucker aus Lateinamerika verteidigten ihr Handeln und begründeten es mit der Rentabilität; ihre Konkurrenten beriefen sich auf diese Missstände und verkauften Zuckerdosen mit der Aufschrift »Indischer Zucker wird nicht von Sklaven gemacht«. Langsam entstand jedoch eine weitere Konkurrenz in der Heimat, denn im Jahr 1747 hatte der Berliner Chemiker Andreas Sigismund Marggraf den Zuckergehalt der heimischen Zuckerrübe entdeckt. Knapp fünfzig Jahre später schaffte sein Kollege Franz Carl Achard die Grundlagen der industriellen Zuckerproduktion aus Rüben – in Schlesien entstand die erste Zuckerfabrik. Die Produktion erlebte einen Aufschwung, als der französische Kaiser Napoleon nach der Niederlage Preußens 1806 bei Jena und Auerstedt die Kontinentalsperre gegen Großbritannien erließ: Günstiger Rohrzucker aus Indien war auf dem europäischen Festland nicht mehr erhältlich. Allerdings währte die Marktabschottung nur bis 1813, zu kurz, um die Zuckerherstellung aus Rüben zur Marktreife zu bringen. Sobald der Rohrzucker wieder in die Kolonialwarenläden zurückkehrte, brach die deutsche Branche zusammen. Doch bereits gegen Ende des 19. Jahrhunderts wurde durch die Verarbeitung von Zuckerrüben ebenso viel Zucker erzeugt wie durch die traditionelle Rohrzuckerindustrie. Das weiße Gold wurde zum alltäglichen Konsumgut.

Wie alltäglich Zucker mittlerweile geworden ist, wird uns meist überhaupt nicht bewusst, weil er sich in vielen Nahrungsmitteln gut versteckt. Kondensmilch besteht beispielsweise zu 57 Prozent aus Zucker, in einer Flasche Ketchup stecken fünfzig Würfel. Selbst wenn wir die Inhalts- und Zutatenliste eines Lebensmittels genau anschauen, ist der Zucker nur schwer zu entdecken. Der sogenannte Haushaltszucker, also Saccharose, der aus Zuckerrohr und Zuckerrübe gewonnen wird, ist noch leicht zu entdecken: Weil er oft in beträchtlicher Menge vorhanden ist, steht er unter den Packungsangaben weit vorne. Aber auch Glucose (Traubenzucker), Fructose (Fruchtzucker), Lactose (Milchzucker) und Maltose (Malzzucker) sind nichts anderes als Zucker. Außerdem gibt es synthetische Zucker, die aus natürlichen oder künstlichen Süßstoffen gewonnen werden; sie haben eine wesentlich stärkere Süßkraft – je nach Art süßen sie zehn- bis 3 000-mal mehr als Zucker. Sie werden aufgrund ihres geringen Kaloriengehalts oftmals als Zuckerersatzstoff in Diätlebensmitteln eingesetzt.

Heute wird auch aus Mais, Weizen oder Kartoffeln, deren Stärke nichts anderes ist als Traubenzucker, Zucker gewonnen. Dieser schmeckt zwar nicht süß, ist aber viel billiger herzustellen als Haushaltszucker aus Rüben oder Rohr und muss in Deutschland nicht einmal auf den Lebensmitteln deklariert werden, da er im Lebensmittelrecht nicht als Zucker gilt. Der Konzern Coca-Cola war der weltweit größte Verbraucher von Haushaltszucker, bevor die Firma 1984 zu Zucker aus Maissirup wechselte. HFCS, also High Fructose Corn Syrup, ist immerhin 15 Prozent billiger als Zucker. Allein in den USA sank dadurch der Verkauf von Haushaltszucker um 500 000 Tonnen im Jahr.

Ohne Zweifel ist unser Zuckerverbrauch exzessiv – und zieht viele und vielfältige Folgen nach sich. Die Verbraucher spüren die Auswirkungen oft am eigenen Leib, kämpfen gegen Übergewicht und Karies, manche leiden bei allem Überfluss an Nährstoffmangel. In jüngster Zeit tritt als Folge falscher Ernährung, Übergewicht und/oder Bewegungsmangel auch immer häufiger der sogenannte Altersdiabetes auf. Bei diesem Diabetes Typ 2 erkennt der Körper das Hormon Insulin, das er benötigt, um Zucker (und damit Energie) aus den Blutbahnen aufnehmen zu können, nicht mehr in ausreichendem Maß. Die Bauchspeicheldrüse produziert immer mehr Insulin, um den vermeintlichen Rückgang der Produktion auszugleichen. Dies führt zunächst zu einer stetigen Überlastung der Bauchspeicheldrüse, schließlich zum Produktionsstopp und damit zu Insulinmangel. Nach Schätzungen des Robert Koch-Instituts, das für die Bundesregierung den Gesundheitszustand der Deutschen erforscht, sind etwa vier Millionen Menschen in Deutschland an Diabetes erkrankt, davon etwa 90 Prozent an Typ 2. Es gilt als erwiesen, dass es einen engen Zusammenhang zwischen der Zunahme der Erkrankungen und der Gewichtszunahme gibt. So sind im Jahr 2007 in Deutschland 75 Prozent der Männer und 59 Prozent der Frauen im Alter von 25 bis 69 Jahren übergewichtig oder sogar adipös, also krankhaft fett. Besonders bedenklich ist, dass vor allem bei Kindern und Jugendlichen ein steiler Anstieg von Übergewicht und Adipositas zu verzeichnen ist.

Allerdings haben die Zuckerfreunde unter den Essern nun Konkurrenz bekommen: ihre Autos. Immer mehr Mais und Zuckerrohr wird zu Ethanol verarbeitet. Dieser Biotreibstoff wird aufgrund steigender Ölpreise als Zusatz für fossile Treibstoffe immer attraktiver. Zwar wird bereits seit langem Zuckerrohrmaische destilliert, doch wurde daraus die längste Zeit nur Rum gewonnen. Heute wird die reinste Form dieses Alkohols in der Kosmetik und Pharmazeutik eingesetzt, die mittlere Form in der Industrie und die einfachste dient als Treibstoff. Dies ist vor allem für Brasilien, dem weltweit größten Zuckerproduzenten, ein lohnendes Geschäft. Bereits heute fährt ein Großteil der Neuwagen in Brasilien mit Ethanolkraftstoff, während dieser in Europa dem Benzin nur beigemischt wird. Brasiliens Ex-Staatschef Luiz Inácio Lula da Silva pries die erneuerbare Energiequelle als größte Chance zur Mobilitätssicherung der Zukunft. Doch ob dies der richtige Weg ist, ist fraglich.

Die Realität der Zuckerrohrarbeiter in Südamerika hat sich in der Geschichte kaum verändert. Noch immer sind die Arbeitsbedingungen der Erntehelfer auf den Feldern schlecht. Noch Anfang 2010 landete der Marktführer der Bioethanolhersteller Cosan für kurze Zeit auf einer schwarzen Liste des brasilianischen Arbeitsministeriums, weil auf seinen Plantagen Arbeitsbedingungen herrschen, die der Sklavenarbeit von einst ähneln. Cosan hat erfolgreich dagegen geklagt, auf dieser Liste zu erscheinen. Und erst im Sommer 2012 verzichteten Cosan und Shell in einer gemeinsam betriebenen Biodieselanlage auf Zuckerrohr von Feldern, die in Wohngebieten von Indios angelegt worden waren. Zahlreiche Bewohner waren für diese Zuckerrohrfelder vertrieben worden. Obwohl Menschenrechts- und Umweltorganisationen die Arbeitsbedingungen und Menschenrechtsverletzungen immer wieder anprangern, passiert wenig – die Agrarlobby im Schwellenland Brasilien ist mächtig.

Intensiv werden die Pflanzen mit Pflanzengiften behandelt, die in der Regel mit Sprühflugzeugen gespritzt werden. Bevor das Zuckerrohr geerntet wird, werden die Äcker angezündet und in stinkenden Qualm gehüllt. Die Flammen töten oder vertreiben gefährliche Schlangen, Spinnen und Skorpione. Danach schlagen die Arbeiter das Zuckerrohr mit der Machete und tragen es bei Temperaturen weit über 30 Grad zusammen. Ein Arbeiter schlägt am Tag zwischen zehn und zwanzig Tonnen Zuckerrohr. Damit kann er in einem Monat 900 bis 950 Reais verdienen, das sind etwa 350 Euro. Das muss für die gesamte Familie reichen, auch in der erntefreien Zeit. Unter diesen Arbeitsbedingungen kann das Ethanol zu weltmarktfähigen Preisen hergestellt werden.

Im Jahr 2011 wurden von den 845 Millionen Hektar brasilianischem Boden laut Angaben der Welternährungsorganisation FAO 275 Millionen bewirtschaftet, davon 9,6 Millionen Hektar mit Zuckerrohr. Die Konsequenzen daraus: Die Zuckerrohrmonokulturen verdrängen Soja- und Viehproduktion in die Regenwaldgebiete. Der Tropenwald wird abgeholzt, mit allen negativen Konsequenzen für die Biodiversität, die Bodenqualität, die klimatischen Bedingungen und das soziale und kulturelle Leben der indigenen Bevölkerung. Zuckermoleküle sind in der Natur zwar allgegenwärtig. Die Allgegenwärtigkeit weißer Zuckerkristalle aber bedeutet einen bedrohlichen Raubbau an fruchtbarem Ackerland – und ein noch immer ungerechtes System der Herstellung und des globalen Handels von Lebensmitteln. Und zu allem Überfluss: Ungesund ist das weiße Gold auch noch.

Die Schweinerei im Ofen

Im Herd: ein Schweinebraten. Rund zwei Kilogramm schwer, schmort das Gemisch aus Wasser, Stickstoff, Fetten, Mineralien, Kohlehydraten, Vitaminen und Enzymen dem Abendessen entgegen und verströmt einen köstlichen Duft. Gekauft haben die Stuttgarter Gastgeber ihren Braten im Supermarkt. Damit liegen sie im Trend: Nur noch zehn Prozent des Fleisches geht in Deutschland beim Metzger über die Ladentheke, ermittelte die Nürnberger Gesellschaft für Konsumforschung. 37 Prozent aller Fleischwaren werden in Discountmärkten wie Aldi oder Lidl verkauft, knapp die Hälfte in Supermärkten oder großen SB-Warenhäusern wie real oder Kaufland. Höchstens einige Tage hat der Braten im Laden auf einen Käufer gewartet, denn Fleisch hält sich, auch perfekt gekühlt bei vier Grad Celsius, höchstens eine Woche.

Die Kühlkette ist enorm wichtig. Durch gezieltes Kühlen nach dem Schlachten wird der Reifeprozess gesteuert, der das Tier in essbares Fleisch verwandelt. Die richtige Temperatur sorgt dafür, dass die Totenstarre in den Muskelzellen nicht zu langsam und nicht zu schnell abläuft. Innerhalb einer bestimmten Zeit sollen die Zuckermoleküle im Fleisch abgebaut werden und die Kollagene, also Eiweißverbindungen, aufquellen. Das macht das Fleisch zart und es schrumpft nicht, wenn es erhitzt wird. Fleisch, das seiner schützenden Hülle aus Haut beraubt ist und seine lebenserhaltenden Stoffwechselprozesse eingestellt hat, bietet zudem leichte Beute für Bakterien und andere Mikroben. Es ist eine Wissenschaft für sich, Fleisch vor ihrem Befall zu bewahren. Auf dem Weg zu hygienischem Fleisch wurde auch versucht, das Vieh im Schlachthaus zu waschen – bislang eher erfolglos: »Versuche, die Tiere vor oder während der Schlachtung zwecks Keimzahlreduzierung einer Waschung zu unterziehen, haben sich bisher als unzweckmäßig erwiesen«, schreibt der Professor für Lebensmitteltechnologie Herbert Weber in seinem Lehrbuch zur *Mikrobiologie der Lebensmittel*. Schließlich müssten Tiere mit Fell vor der Schlachtung wieder abgetrocknet sein, sonst erhöhe sich die Keimzahl eher. Andere »Dekontaminationsverfahren« seien hochtechnisch und teuer. »Vorerst muss der Fleischgewinnungsprozess so gestaltet werden, dass die beiden hygienisch extrem divergierenden Abschnitte, die ›unreine‹ und die ›reine‹ Seite, nicht ineinandergreifen.«[8] Unrein ist das Tier, rein ist das Fleisch.

Auf vier Grad gekühlt wurde das Schweinefleisch aus dem Stuttgarter Backofen sofort nach der Schlachtung in einem der rund 200 Schlachthöfe in Deutschland. 58,1 Millionen Schweine sind 2012 dort geschlachtet worden, etwa zwei Prozent weniger als im Vorjahr. Nach Angaben des Bundesverbandes der deutschen Fleischwarenindustrie hat Schweinefleisch mit 68 Prozent den höchsten Anteil an der Fleischerzeugung, es folgen Geflügel mit 17 Prozent und Rindfleisch mit 15 Prozent. Schaf-, Ziegen- und Pferdefleisch landen abgeschlagen mit zusammen nur 0,3 Prozent auf dem letzten Platz. Allein der deutsche Marktführer, die Firma Tönnies aus dem nordrhein-westfälischen Rheda-Wiedenbrück, schlachtet jährlich rund sechzehn Millionen Schweine, zerlegt, portioniert, verpackt und verarbeitet sie teilweise gleich zu Convenience-Produkten weiter – das heißt zu Gerichten wie Gyros, Hamburgern oder Wiener Schnitzel, die vom Verbraucher nur noch erwärmt werden müssen. Die Schlachthöfe von einst sind inzwischen zu »Fleischzentren« gewachsen, die viele Aufgaben übernommen haben, die ehemals die Metzger oder Köchinnen zu Hause erledigten. Schlachtung und Verarbeitung der Tiere sind technisierte, industrielle Prozesse; in den Broschüren der Unternehmen sind Maschinen aus poliertem Stahl zu sehen, Tierschutz und Hygienestandards stehen dabei ganz weit oben. Allerdings nur in den Broschüren. Die Realität sieht anders aus.

In der Branche reiht sich Skandal an Skandal. Im Sommer 2012 machten Berichte über den übermäßigen Einsatz von Antibiotika in der Hähnchenmast die Runde. Das Landesamt für Natur, Umwelt und Verbraucherschutz in NRW hatte in einer Studie ermittelt, dass neun von zehn Masthähnchen im Laufe ihres Lebens mit Antibiotika behandelt worden waren, genau 92,5 Prozent der untersuchten Tiere. Nur 16 Prozent der Betriebe, die die Behörde unter die Lupe genommen hatte, kamen ohne Medikamente aus, die bei übermäßigem Gebrauch Resistenzen gefährlicher Krankheitserreger hervorrufen können. Sogar die ansonsten der Massentierhaltung äußerst zugewandte schwarz-gelbe Bundesregierung erkannte Handlungsbedarf und stellte fest, der Einsatz von Antibiotika in der Tierhaltung müsse reduziert werden. Allerdings beschränkte sich das Landwirtschaftsministerium dann darauf, eine bundesweite Datenbank für den Einsatz der Medikamente vorzuschreiben. Der Bundesrat hat das zahnlose Gesetz zunächst gestoppt.

Während die Agrarministerin Ilse Aigner sich noch um Zustimmung für ihr Gesetz bemühte, bestimmten längst neue Skandale die Schlagzeilen. In Fertiglasagne befand sich nicht nur Rindfleisch, sondern auch Pferdefleisch, ohne dass dies auf der Packung angegeben worden wäre. Zuerst wurde der unschädliche, aber unappetitliche Inhalt in Großbritannien entdeckt, dann weitete sich der »Pferdefleischskandal« auf ganz Europa aus. Zwar ist gegen den Verzehr von Pferdefleisch nichts einzuwenden (außer, man lehnt »Tiere essen« generell ab), doch warf die »Lasagneaffäre« ein Schlaglicht auf unzureichende Kontrollen und verschlungene Lieferwege, die nicht einmal die Beteiligten selbst überblickten.

Ruhe an der Lasagnefront kehrte erst ein, als falsch deklarierte Hühnereier in die Schlagzeilen drängten: Konventionelle Eier waren als Bioeier gekennzeichnet und entsprechend teuer verkauft worden, Eier aus Stallhaltung als solche freilaufender Hühner. Rund 150 Betriebe waren betroffen. Als die Kontrollbehörden im März 2013 dann auch noch Dioxin im Rinderfutter fanden und hektisch untersuchten, ob sich Spuren des krebserregenden Stoffes auch in der Milch der betroffenen Betriebe fanden, wollte das schon kaum einer mehr hören.

Immer wieder ist die Branche in Gammelfleischskandale verwickelt oder muss sich mit Studien auseinandersetzen, in denen sich das keimfreie Industrieschlachten als entsetzliche Tierquälerei herausstellt. In einer Branche, in der Skandale die Tagesordnung bestimmen, stimmt etwas grundsätzlich nicht. Der Verdacht liegt nahe, dass der Fehler im System liegt. So müssen sich die Schlachthöfe, die so viel Wert auf ihr tierschutzgerechtes und keimfreies Schlachten legen, mit Studien auseinandersetzen, die ihr Tun als entsetzliche Tierquälerei enttarnen. Nach Klaus Tröger, dem Leiter des Max-Rubner-Instituts für Sicherheit und Qualität bei Fleisch in Kulmbach, wird ein Prozent der Schweine nicht richtig »gestochen«, die Klinge wird nicht an der richtigen Stelle tief genug in das Tier gestoßen. Das heißt, die Schweine erwachen aus der kurzen, durch ein Bad in Kohlendioxid erreichten Betäubung und finden sich an einem Vorderfuß aufgehängt, der Länge nach aufgeschlitzt wieder. Nach dieser Rechnung erleben im Schnitt jährlich 580 000 Tiere, wie sie in ein 62 Grad heißes Brühbad getaucht wurden, um enthaart zu werden – dabei sind sie dann gestorben.

Die Schlachthöfe stehen unter dem immensen Preisdruck eines internationalen Marktes. An den Rohstoffbörsen in London oder Chicago werden Schweinebäuche gehandelt, neben anderen Rohstoffen wie Lebendrind, Kupfer, Gold, Mais oder Stahl. Am 9. Juni 2011 kosteten 453 Gramm »Mastvieh« laut *Wall Street Journal* an der Frankfurter Börse 1,25 Dollar. Um ihre Produktionsanlagen und Arbeitskräfte gleichmäßig auszulasten, müssen die Fleischzentren findig darin sein, ihr verderbliches Gut zu möglichst hohen Preisen zu verkaufen. Zum Teil gehen sie dafür langfristige Lieferverträge mit Handelsunternehmen ein. Sie verfügen zwar auch über Lagerkapazitäten, doch lagern kostet, darum läuft auch die Produktion von Fleisch heute meist »just in time«. Um neue Märkte zu eröffnen, wird außerdem der Fleischexport für die Unternehmen immer wichtiger. Mehr als die Hälfte seiner Produktion verkauft etwa Tönnies ins Ausland; von den insgesamt in Deutschland acht Millionen Tonnen produziertem Fleisch sind 1,5 Millionen Tonnen exportiert worden. Zumeist ins europäische Ausland, doch das größte Wachstum verspricht sich die Branche in China und Russland.

Billiges Fleisch lässt sich nur durch internationale Arbeitsteilung und effiziente industrielle Produktion massenhaft erzeugen. In den vergangenen zwanzig Jahren hat sich hier – wie bei vielen anderen Lebensmitteln auch – ein massiver Wandel in Hinblick auf Preis, Herstellung und Verfügbarkeit vollzogen. So stieg beispielsweise die Exportquote des deutschen produzierenden Ernährungsgewerbes von 9,8 Prozent im Jahr 1990 auf 17,1 Prozent in 2009. 2012 hat Deutschland Fleisch, Käse, Wein, Gemüse und so weiter im Wert von über 60 Milliarden Euro in die ganze Welt verkauft. Geleistet wird die Produktion für den Weltmarkt vor allem durch große Unternehmen. So haben in Deutschland die zehn größten Anbieter von Geflügelfleisch einen Marktanteil von 66 Prozent, die größten fünfzig versorgen im Grunde den ganzen deutschen Markt.

Der Fleischkonsum hat sich seit 1970 beinahe verdoppelt. Obwohl er in einigen Industrieländern inzwischen leicht abnimmt, schätzen die Organisation für wirtschaftliche Zusammenarbeit und Entwicklung (OECD) und die Ernährungs- und Landwirtschaftsorganisation der UNO (FAO), dass der weltweite Fleischkonsum in den kommenden zehn Jahren durch die wachsende Weltbevölkerung und die wirtschaftliche Entwicklung kontinuierlich steigen wird. Vor allem in Asien nimmt er rapide zu – und damit in Kulturen, in denen die vegetarische Ernährung bis dato einen hohen Stellenwert hatte. Verzehrten die Chinesen 1961 noch 3,8 Kilogramm Fleisch pro Person und Jahr, waren es 2007 schon 53 und 2012 geschätzte 57 Kilogramm.

Diese Veränderungen hinterlassen ihre Spuren auf dem Planeten. Auf etwa 963 Millionen schätzte die FAO den weltweiten Bestand an Schweinen im Jahr 2011, 28 Millionen waren es allein in Deutschland. Statistisch gesehen teilen sich also drei Deutsche ein Schwein. Während laut Statistischem Bundesamt die Zahl der Tiere im vergangenen Jahr zugenommen hat, nahm die Zahl der Betriebe hingegen ab. Das heißt: Immer mehr Schweine stehen in immer weniger Ställen, im Schnitt sind es 340 pro Betrieb. Allerdings zeigt sich auch die Tendenz (und das ist nicht nur bei der Schweinemast so): Im harten Wettbewerb der Landwirtschaft halten sich vor allem die kleinen und die ganz großen Höfe. Darunter leiden die Regionen mit einer besonders hohen Dichte an Massentierhaltung, denn dort sind die Schadstoffbelastungen besonders hoch. Im November 2012 vermeldeten die Statistiker, dass wieder einmal vor allem im Süden Deutschlands viele Betriebe die Haltung von Sauen aufgegeben hätten. In Bayern gaben im Laufe des Jahres 2012 insgesamt 7,1 Prozent der Höfe ihre Mutterschweine ab, in Baden-Württemberg waren es 8,9 Prozent. Damit lagen die beiden Bundesländer, die durch eine sehr kleinteilige Landwirtschaft geprägt sind, deutlich über dem Bundesdurchschnitt. In Brandenburg oder Niedersachsen, in denen die Ställe mit mehreren hundert oder tausend Schweinen stehen, blieb die Zahl der Sauhalter hingegen weitgehend konstant.

Sehr wahrscheinlich stammt das Stück Schweinerücken im Ofen der Stuttgarter Küche aus einem großen Stall in Niedersachsen. Mit über acht Millionen Schweinen lebt dort fast ein Drittel des deutschen Bestandes. Laut deutschem Tierschutzgesetz hatte das 50 bis 110 Kilogramm schwere Schwein in Gruppenhaltung während seines etwa sechs Monate langen Lebens eine Fläche von 0,75 Quadratmetern zur Verfügung. (Hätte es ein Los als Ökoschwein gezogen, hätte es über 1,3 Quadratmeter im Stall und einen Quadratmeter im Freiland verfügen dürfen.) Gefüttert wurde das Schwein mit einer Mischung aus Getreide, vor allem Mais und Gerste, mit Weizen, Ölkuchen aus Raps oder Soja, dazu Vitamine, Enzyme, Spurenelemente, Aminosäuren und Medikamente wie etwa gegen die Darmkrankheit Kokzidiose. Noch exzessiver werden Medikamente in der Geflügelmast eingesetzt. Um in den riesigen Ställen mit der erdrückenden Enge die Ausbreitung von Krankheiten zu verhindern, bekommen etwa Hähnchen im Grunde ihr ganzes kurzes Leben lang Medikamente, darunter Antibiotika.

Die Futterkosten bilden einen wesentlichen Bestandteil der Produktionskosten bei der Mast. Hier beginnt die Wertschöpfungskette für alle weiterverarbeiteten Fleischprodukte. Genau wie der Fleischmarkt ist auch der Markt für Futtermittel globalisiert. Nicht nur in Brasilien wird Soja an Tiere verfüttert, sondern in großem Maßstab auch in Europa. Etwa 85 Prozent des weltweit angebauten Sojas dient als Futtermittel, insgesamt wird etwa die Hälfte der weltweiten Getreideernte verfüttert. Der Deutsche Verband Tiernahrung hebt in seinem Jahresbericht 2011/2012 hervor, dass die Mischfutterindustrie ihre Führungsposition als wichtigster Getreideverarbeiter in Deutschland gehalten habe. Diese Entwicklung spiegeln auch andere Zahlen wider: Weltweit ist der Anteil an Futtergetreide seit 1960 stetig gestiegen, errechnete das Worldwatch Institute – in China von acht auf 26 Prozent, in Mexiko von fünf auf 45 Prozent, in Thailand von einem auf 30 Prozent. Es ist absehbar, dass dieser Trend sich bei dem steigenden Fleischkonsum in den Schwellenländern bei nur geringfügigem Rückgang in den Industrienationen fortsetzen wird.

Allerdings haben die Futtermittelhersteller – und damit die Tierhalter – eine ernsthafte Konkurrenz bekommen. Erneuerbare Energien werden nicht nur in Deutschland vor allem durch pflanzliche Rohstoffe erzeugt, also etwa Biogas oder Biosprit. Aufgrund der riesigen Mengen Getreides, die nicht mehr im Magen von Schweinen oder Hühnern, sondern in Öfen landen, regiere auf den Agrarrohstoffmärkten »die echte Knappheit«, warnen die Hersteller. (Siehe auch das Kapitel »Nachwachsende Problemfelder«)

Die Energiewende und der steigende Fleischkonsum haben den Druck auf die landwirtschaftlich nutzbaren Flächen erhöht, noch mehr Tierfutter anzubauen. Die Wochenzeitung *Die Zeit* meldete im Frühjahr 2011, dass im März und April diesen Jahres in Brasilien sechsmal so viel Regenwald gerodet wurde wie im selben Zeitraum des Vorjahres, eine Fläche, fast so groß wie Hamburg. Demnach sind 2010 knapp 6500 Quadratkilometer Regenwald vernichtet worden, überwiegend, um dort Sojabohnen anzubauen.[9] Der Anbau von Soja ist jedoch auch auf traditionellem Ackerland keine schonende Angelegenheit. Die Pflanzen – oft sind sie gentechnisch verändert – benötigen große Mengen an Dünger und Pflanzengiften. In den USA benötigen die Landwirte pro Kilogramm geernteter Sojabohnen laut der Wasserstiftung, die sich für den Zugang zu sauberem Trinkwasser einsetzt, 1400 Liter Wasser.

Doch nicht nur zu Beginn der Produktionskette bereitet das Tierfutter Probleme, sondern auch an seinem Ende: In riesigen Mastbetrieben massenhaft anfallende Gülle wird auf den Äckern abgeladen. Gülle enthält große Mengen Ammoniaks, einer Verbindung aus Stickstoff und Wasserstoff. Das farblose, stechend riechende und gut wasserlösliche Gas gelangt zusammen mit der Gülle in den Boden. In hoher Konzentration ist Ammoniak für Pflanzen und Tiere giftig, außerdem reichert er den Boden mit Stickstoff an. Zwar lässt sich durch hohe Dosen Ammoniak bei Pflanzen eine Zunahme der Photosynthese beobachten. Bei zu hohen Einträgen nimmt sie jedoch wieder ab und die Pflanzen sind weniger widerstandsfähig gegen Trockenheit, Kälte und Schädlinge. Überdüngt der Bauer Getreide, Kartoffeln oder Zuckerrüben mit Gülle, bilden sie weniger Wurzeln aus, reichern sich weniger mit Stärke an und verderben schneller. Auch hier macht also die Dosis das Gift.

Begonnen hat die Geschichte des Schweinebratens im Ofen in Stuttgart bei einem Ferkelaufzüchter, vielleicht in Niedersachsen, den Niederlanden oder in Dänemark. Laut der Vieherhebung des Statistischen Bundesamtes nimmt die Zahl der Sauen in Deutschland ab. Zunehmend importieren die Schweinemäster ihren »Rohstoff Ferkel« aus dem Ausland. Etwa 1,5 Kilogramm hat unser Ferkel bei seiner Geburt gewogen, nach rund drei Wochen wurde es mit etwa 6,5 Kilogramm von der Mutter abgesetzt. Während der drei Wochen Saugzeit war sie in einer Art Gitterkäfig, dem Kastenstand, eingesperrt. Während die Sau sich darin nur hinstellen oder hinlegen kann, gestattet er den Ferkeln den Ein- und Austritt. So werden sie im engen

Stall davor geschützt, von der Mutter erdrückt zu werden. Von der Mutter abgesetzt, nimmt das Schwein als Mastvieh täglich ungefähr 700 bis 800 Gramm zu und fährt schließlich mit einem »Idealgewicht« von 120 Kilogramm Richtung Schlachthof. Gerade einmal siebzehn Wochen hat das gedauert.

Rindern oder Hühnern geht es nicht anders. Bevor ein Hähnchen in Plastikfolie eingeschweißt im Supermarkt landet, ist es vier bis fünf Wochen lang herangewachsen. Mit 24 bis 31 Artgenossen hat es sich einen Quadratmeter geteilt. Der Einstreu wird in dieser Zeit nicht gewechselt. Weil die Enge aggressiv macht und Hühner soziale Tiere sind, die in der Gruppe eine Rangordnung ausbilden, hacken sich die Tiere. Eine Eigenschaft, die der effizienten Produktion im Wege steht. Doch dafür gibt es Techniken: Damit keine schweren Verletzungen entstehen, werden beispielsweise den Hähnchen die Schnäbel abgeschnitten. Ein Hähnchen, das nach den Prinzipien des Anbauverbandes Bioland gemästet wird, lebt übrigens siebzig bis neunzig Tage lang, und einen Quadratmeter teilen sich zehn Tiere. Schon das bisschen mehr an Platz kostet: Die Verbraucherzentrale Niedersachsen hat die Preise für konventionell gemästete Tiefkühlhähnchen mit tiefgefrorenen Biohähnchen verglichen: Erstere gab es 2007 für 1,63 bis 2,99 Euro, letztere für 7,95 bis 10,30 Euro.

Obwohl der Selbstversorgungsgrad in Deutschland bei etwa 79 Prozent liegt, wird Geflügelfleisch vor allem aus Brasilien, den Niederlanden und Thailand importiert. Die Importware ist noch billiger als das heimische Angebot. Den größten Zuwachs hat dabei brasilianisches Fleisch, das mit 100 000 Tonnen inzwischen sieben Prozent des jährlichen Gesamtverzehrs ausmacht. Hauptsächlich wird es zu Chicken Nuggets oder Fertiggerichten verarbeitet. 17,8 Kilogramm Geflügelfleisch isst jede und jeder Deutsche jährlich, die US-Bürger führen mit 50,2 Kilogramm den weltweiten Pro-Kopf-Verbrauch an.

In Deutschland sinkt der Konsum von Fleisch leicht. Aßen die Deutschen pro Kopf 1990 noch 95 Kilogramm, waren es 2009 nur noch 88 Kilo (und in den USA 122 Kilogramm). Doch auch wenn immer mehr Menschen Wert auf regionale, biologisch erzeugte und frische Nahrungsmittel legen: Trotz Wachstum bleiben biologisch erzeugte Lebensmittel mit einem Anteil von um die fünf Prozent in einer Marktnische. Der Anteil von Lebensmitteln, die in Discountern gekauft werden, wächst hingegen weiter und liegt inzwischen bei 45 Prozent. Zugleich boomt der Verkauf von stark vorverarbeiteten Lebensmitteln. Inzwischen werden rund viermal mehr Convenience-Produkte verkauft als im Jahr 2000.

Von seiner Herkunft und Entstehungsgeschichte verrät solches Essen wenig. Es ist erstaunlich, wie schnell wir uns daran gewöhnt haben, dass Nahrungsmittel stetig verfügbar und oft vorverarbeitet sind. Noch Anfang der fünfziger Jahre arbeiteten 24 Prozent der Westdeutschen in der Landwirtschaft. Heute sind es bundesweit nur noch zwei Prozent. Während wir ständig – im Kühlschrank, in der Kantine, im Supermarkt, in der Werbung im Fernsehen und auf Plakaten – von Essen umgeben sind, ist die Produktion der Nahrungsmittel aus unserem Blickfeld verschwunden. Wir kennen ihre Geschichten nicht mehr. In seinem eindrucksvollen Fotobuch *Werbung gegen Realität* hat der Journalist Samuel Müller die Bilder auf den Packungen von Fertiggerichten Fotos gegenübergestellt, die er von ihrem Inhalt gemacht hat. Viel hat die Frikadelle mit Sauce auf der Verpackung nicht gemeinsam mit dem Fleischklops darin. Nur wenig sagt uns die Verpackung über das Lebensmittel vor uns im Regal, noch weniger über seine Inhaltsstoffe. Erst recht verborgen bleiben die Wege seiner Entstehung und damit der enorme Verbrauch an Ressourcen, der nötig ist, um massenhaft günstige Lebensmittel herzustellen.Dabei ist nicht der »Skandal« das Problem – wenn die Plastikschale also zum Beispiel Pferde- statt Rindfleisch enthält. Nicht haltbar ist der völlig legal erzeugte Inhalt. Wir müssen die Geschichten unseres Essens wieder wahrnehmen, um seinen Wert zu erkennen. Vielleicht sind wir dann eher bereit, seinen wahren Preis zu bezahlen.

4 Hauptsache schön – die hässlichen Folgen unseres Lebensstils

Bald werden die Gäste eintreffen. Zeit für die Frage: »Was soll ich bloß anziehen?« Ratlos steht der Gastgeber vor seinem Kleiderschrank. Die Lieblingsjeans ist in der Wäsche, das blaue Hemd zerknittert. Auch noch bügeln! Danach schnell unter die Dusche, Haare waschen, abtrocknen, Gesicht eincremen. Eine Stunde später ist der Stuttgarter eine gepflegte Erscheinung, blaue Jeans, gestreiftes Hemd, glänzende Haare. Zufrieden blickt er in den Spiegel – so kann er den Besuch empfangen. Was genau er angezogen hat, interessiert ihn dabei weniger. Preis-Leistungs-Verhältnis, Design und Qualität sind laut einer Analyse der Forschungsstelle für Textile Marktwirtschaft der Universität Münster die entscheidenden Kriterien beim Kleiderkauf. Gerade noch die Hautverträglichkeit spielt eine Rolle – doch wer unter welchen Bedingungen aus welchem Material die Kleidung hergestellt hat, das ist nur wenigen Konsumenten wichtig.

Dabei sind die Arbeitsbedingungen in der globalen Textilbranche erbärmlich. In Bangladesch etwa nähen Frauen für elf Cent die Stunde Kleidung, mit denen Discounter in Deutschland viel Geld verdienen. Gewerkschaften werden in den Textilfabriken nicht geduldet, Überstunden und Sieben-Tage-Wochen sind die Regel. Nur ein Bruchteil des Kaufpreises kommt bei denen an, die Hosen, Hemden und T-Shirts herstellen: bei den Arbeiterinnen. Im Gegensatz zu ökologischen Lebensmitteln, die in Deutschland inzwischen auf einen Marktanteil von etwa fünf Prozent kommen, liegt der Anteil von Bio-Kleidung – bei der ökologisch erzeugte Rohstoffe verwendet und meist soziale Mindeststandards eingehalten werden – trotzdem bei gerade mal einem Prozent. Etwas erfolgreicher schlagen sich ökologische Kosmetika mit einem Marktanteil von 5,6 Prozent – dem Spitzenwert in Europa.

Große Industriezweige arbeiten weltweit Tag und Nacht daran, Dinge herzustellen, mit denen wir uns kleiden, auf die wir uns betten und mit denen wir uns verschönern können. Ein Marktvolumen von rund 58 Milliarden Euro umfasste die deutsche Textilbranche im Jahr 2012, für Körperpflege gaben die Deutschen rund 12,8 Milliarden Euro aus. Um die Verbraucher immer wieder vom Kauf neuer Dinge zu überzeugen und sich im globalen Wettbewerb behaupten zu können, müssen sich die Unternehmen etwas einfallen lassen. Immer neue Produkte mit unerwarteten, praktischen Eigenschaften werden den Verbrauchern angeboten: Kleidung, die nie dreckig wird, Häuser, die Smog filtern, oder preiswerte Sonnenkollektoren – was vor einigen Jahren phantastisch klang, steht heute kurz vor der Marktreife oder wird schon verkauft. An den Strom von Neuheiten in unserem Alltag haben wir uns gewöhnt, und auch daran, dass neue Produkte und Materialien Wirkungen zeigen können, die ihre Erfinder und Hersteller nicht auf der Rechnung hatten. PVC oder Asbest sind Beispiele für Materialien, die alle für äußerst praktisch hielten, bis sie sich – während der Nutzungszeit oder aber als »Abfall« – als gefährlich erwiesen. Für neue Materialien und Technologien gilt noch immer die Unschuldsvermutung: Solange sie nicht überführt sind, werden sie verkauft.

Natürlich aus der Fabrik

Jeans, Hemd, Unterhose, T-Shirt, Strümpfe – von Kopf bis Fuß ist unser Stuttgarter Gastgeber in Baumwolle gehüllt.

Die Waschzettel von Hemd und Unterwäsche weisen sie zu »100 % Cotton« aus, Jeans und Strümpfe bestehen zu 99 und 98 Prozent aus Baumwolle. Als eine der ältesten Kulturpflanzen der Welt gehört sie zu den Malvengewächsen und ist zum Beispiel mit der Stockrose in unseren Gärten verwandt. Um ihren Samen möglichst weit zu verbreiten, versieht ihn die Baumwollpflanze mit einer Flughilfe aus feinen Haaren. Kurz nachdem die Kapselfrucht aufgesprungen ist, werden diese Haare gepflückt und zu Wolle gesponnen. Aus den Samen der Pflanze lässt sich Baumwollöl pressen, das allerdings leicht giftig ist und vorbehandelt werden muss, damit es etwa zu Margarine verarbeitet werden kann. Wild gewachsen kann der Baumwollstrauch bis zu drei Meter hoch und mehrere Jahre alt werden. Kommerziell genutzte Pflanzen werden jedoch mittlerweile jedes Jahr neu gesät. Der wollige Strauch mag es warm. Er benötigt zwischen 180 und 200 frostfreie Tage im Jahr, um zu wachsen. Das begrenzt sein Anbaugebiet auf den sogenannten Baumwollgürtel zwischen dem 36. Breitengrad Süd und dem 43. Grad Nord mit tropischem oder subtropischem Klima. Insbesondere zu Beginn ihres Wachstums hat die Pflanze einen enorm hohen Bedarf an Wasser.

Wann der Mensch das erste Mal Baumwolle verwendet hat, wissen wir nicht. Vermutlich hat er die Fasern vor etwa 6 000 Jahren entdeckt und Baumwolle als Kulturpflanze etabliert. Erste Funde zersetzter Baumwollkapseln aus einer Höhle in Mexiko lassen sich circa 5 800 Jahre zurückdatieren. Vor 3 000 Jahren begann der Anbau in Indien, wo die Baumwolle bereits im großen Maßstab mit Hilfe von technischen Hilfsmitteln wie Spinnrad und Webstuhl verarbeitet wurde. Technologisch waren die indischen Handwerker so versiert, dass sie Stoffe herstellen konnten, so fein wie »gewobener Wind«[10]. Damit stand Baumwolle bereits damals in Konkurrenz zu anderen Materialien wie Wolle, die insbesondere in Griechenland und dem Römischen Reich verwendet wurde, sowie Seide in China und Flachs in Ägypten.

Durch den stetig wachsenden Handel verbreiteten sich Material und Pflanze. Im vierten Jahrhundert vor Christus brachte Alexander der Große sie in den Iran, den arabischen Kulturraum und den Westen der Türkei. Im Rest von Europa wurde die Baumwolle gleichwohl erst spät bekannt, nur langsam wanderte sie über Syrien nach Spanien und Sizilien. Im 16. Jahrhundert galt sie als Luxusgut, als weißes Gold für die adelige Oberschicht. Seinen Siegeszug begann der wollige Strauch Ende des 17. Jahrhunderts: England führte den Samen der Pflanze in den neu eroberten Kolonien in Nordamerika ein. Innerhalb kürzester Zeit entstand eines der bis heute wichtigsten Anbaugebiete weltweit. Dies gelang jedoch nur durch Sklavenarbeit, die über lange Jahre die Geschichte der Baumwolle in Nordamerika prägte und sowohl in der Musik (Jazz, Blues und Gospel) als auch in der Literatur (mit Werken wie *Onkel Toms Hütte* oder *Vom Winde verweht*) Ausdruck fand. Zwischen 1750 und 1850 entstand der Dreieckshandel, in dem amerikanische Baumwolle, afrikanische Sklaven und englische Stoffe ausgetauscht wurden. »King Cotton« bestimmte – zusammen mit dem anderen weißen Gold, dem Zucker – die globale Ökonomie.

Die englische Wirtschaft übernahm ab 1770 – vor allem durch den Einsatz der ersten Spinnmaschinen und den Aufbau von Webereien – eine Vormachtstellung in der Textilindustrie. Die Erfindung der ersten Dampfmaschine 1712 durch Thomas Newcomen hatte nicht nur weitreichende Auswirkungen auf den Einsatz von fossilen Energieträgern, sondern beschleunigte bereits von Beginn an auch die Verarbeitung und Herstellung von Baumwolle. Die einzelnen Arbeitsschritte wurden durch den Einsatz von technischen Hilfsmitteln immer schneller und billiger, sodass Baumwolle im Laufe des 19. Jahrhunderts schließlich die herkömmlichen Materialien Wolle, Flachs und Leinen vom europäischen Markt verdrängte.

Einen Einschnitt in diese Entwicklung brachte der amerikanische Unabhängigkeitskrieg. Als sich Nordamerika vom europäischen Kontinent löste, verlor England quasi über Nacht seine Baumwollanbaugebiete und musste sich neu orientieren. Für den Neuanfang kamen vor allem nordafrikanische Gebiete in Frage, weil sie die klimatischen Bedingungen für den Anbau erfüllten. Gleichzeitig expandierte die mittlerweile unabhängige Baumwollindustrie der Vereinigten Staaten und übernahm die Weltspitze.

Auch heute gehören die USA zu den großen Baumwollproduzenten, neben China, Indien, Pakistan, Ägypten und Usbekistan. Laut dem International Cotton Advisory Committee (ICAC) wurden im Wirtschaftsjahr 2010/2011 rund 25 Millionen Tonnen Baumwolle produziert. Über 60 Prozent der geernteten Menge war dabei laut des Internetportals Transgen gentechnisch verändert. Neben Soja war Baumwolle die erste gentechnisch veränderte Pflanze, die ab 1996 kommerziell angebaut wurde. Mittlerweile wird sie in über zehn Ländern gepflanzt, darunter USA, China und Indien. Dabei bestanden im Jahr 2011 rund 88 Prozent der indischen Baumwollernte aus gentechnisch veränderten Pflanzen, 72 Prozent der chinesischen und 94 Prozent der Ernte der USA – Tendenz: steigend. Auch diese Zahlen stammen von Transgen.

Die Zahlen des häufig zitierten Portals, das von Chemiekonzernen wie Bayer, BASF, Monsanto, Du Pont oder Syngenta finanziell unterstützt wird, werden von Umweltverbänden jedoch angezweifelt. Greenpeace etwa wirft Transgen und der amerikanischen Gentechnik-Lobbyorganisation ISAAA vor, ihre Zahlen künstlich aufzublasen, und verweist regelmäßig darauf, dass derzeit 90 Prozent der Anbauflächen für die geläufigsten Genpflanzen Soja, Mais, Baumwolle und Raps in nur fünf Ländern lägen und die Flächen etwa in Europa eher zurückgingen. Kalkül der Industrie sei es, den Konsumenten mit überzogenen Erfolgsmeldungen weiszumachen, dass die grüne Gentechnik nicht mehr aufzuhalten sei.

Befürworter und Gegner der Gentechnik streiten unerbittlich und emotional. Dabei geht es nicht nur um eine Technik und ihre Folgen für das Ökosystem, sondern auch um Weltanschauungen. In der Gentechnikdebatte prallen unterschiedliche Konzepte von Landwirtschaft, wirtschaftlicher Entwicklung und Welthandel aufeinander. Alle Zahlen über Anbauflächen und Erträge oder die Mengen verwendeter Pflanzengifte sind auch immer Keule in dieser Prügelei. Offizielle oder durch valide Studien erhobene und überprüfbare Daten gibt es dabei kaum. Vielmehr werden immer wieder Vorwürfe laut, in der Gentechnikbranche seien Wissenschaft, Industrie und Politik auf eine schädliche Weise miteinander verflochten. So arbeiten Wissenschaftler einerseits in Lobbyorganisationen für die Gentechnik und stehen Behörden andererseits als Experten zur Verfügung. Ein Beirat des Lobbyvereins Innoplanta war etwa bis zu seiner Pensionierung im bundeseigenen Max-Rubner-Institut für Ernährung und Lebensmittel tätig. Auch das ebenfalls im Bundesbesitz befindliche Julius-Kühn-Institut ist betroffen. Laut dem Verein Genethisches Netzwerk ist der für die Sicherheit in der Gentechnik bei Pflanzen zuständige Beamte Mitglied in verschiedenen Gentech-Lobbyorganisationen.

Politiker nutzen Statistiken, aber auch wissenschaftliche Studien jeweils so, wie es ihnen passt. Unvergessen der Anblick des mürrisch dreinblickenden Staatssekretärs aus dem deutschen Bundeslandwirtschaftsministerium, der im Frühling 2009 in ausdruckslosem Stakkato das Verbot der Genmaissorte Mon 810 in Deutschland mit einer Studie begründete, die den Zweipunkt-Marienkäfer gefährdet sah. Der Pressekonferenz vorausgegangen waren Monate stürmischen Protests vor allem der ländlichen Bevölkerung Bayerns – und das kurz vor den dort anstehenden Landtagswahlen. Zuvor hatten Wissenschaftler etwa des Bundesamtes für Verbraucherschutz und Lebensmittelsicherheit jahrelang keinen Grund für ein Verbot gesehen. Aber nicht nur über Anbauflächen oder ökologische Folgen herrscht Unklarheit. Das Büro für Technikfolgen-Abschätzung beim Deutschen Bundestag (TAB), das den Abgeordneten wissenschaftliche Grundlagen für ihre Entscheidungen bereitstellt, bescheinigt der unermüdlich geführten Gentechnikdebatte eine erstaunliche Datenschwäche. »Eine abschließende Bewertung der betriebs- und volkswirtschaftlichen Höhe und Verteilung der Gewinne, die durch den Anbau transgener Pflanzen in Entwicklungs- und Schwellenländern erzielt worden sind, ist aufgrund unzureichender Daten derzeit nicht möglich«, heißt es in der Studie *Transgenes Saatgut in Entwicklungsländern*.[11] Wer von der Gentechnik profitiert, nur Großkonzerne oder auch die Bauern, die armen oder die reichen Länder – wir wissen es nicht.

Vier gentechnisch veränderte Pflanzenarten werden derzeit massenhaft kommerziell angebaut: Soja, Mais, Baumwolle und Raps. Natürlich haben alle Pflanzen Gene, doch inzwischen hat sich für gentechnisch veränderte der Begriff Genpflanze eingebürgert. Genpflanzen werden so verändert, dass sie sich gegen Fressfeinde wehren und bestimmte Unkrautvernichtungsmittel ertragen können. Dazu wird in ihre DNA ein neues Gen eingefügt oder ein bereits vorhandenes abgeschaltet, sodass die Wirkstoffe Glyphosat oder Glufosinat, die Unkraut vergiften, keine Wirksamkeit entfalten können.

Für die Insektenresistenz werden in das Erbgut der Pflanzen Gene eines Bodenbakteriums eingeschleust, des Bacillus thuringiensis (Bt). Es produziert ein Protein, das in den Verdauungsorganen bestimmter Fraßkäfer in Gift umgewandelt wird.

Während die Insekten an dem so entstandenen Delta-Endoto-xin sterben, ist es für Menschen ungefährlich. Auch Bioland-wirte dürfen das Bakterium zur Schädlingsbekämpfung nut-zen. Sie betonen aber stets, dass ihre Bt-Mittel nur einige Tage wirksam seien und nicht über die ganze Vegetationsperiode, wie im Fall der Genpflanzen.

Bt-Mais oder Bt-Baumwolle produzieren das Protein selbst und töten Schädlinge wie den Maiszünsler oder den Baumwoll-kapselwurm. Der Landwirt muss weniger Insektengifte sprit-zen und steigert durch einen höheren Ertrag sein Einkommen, so die Idee. Ob Landwirte wirklich weniger Ackergifte benut-zen, ist umstritten. Die amerikanische Akademie der Wissen-schaften veröffentlichte 2010 eine Studie, in der nachgewiesen wurde, dass Bt-Baumwolle auch den Schädlingsbefall auf kon-ventionellen Nachbarfeldern begrenzt. Die Landwirte benötig-ten darum generell weniger Insektizide, schlossen die Wissen-schaftler. Die schon zitierte TAB-Studie des Bundestages hingegen geht davon aus, dass aufgrund der Problematik der sogenannten Sekundärschädlinge eher mehr Ackergifte zum Einsatz kämen: Wenn ein bestimmter Schädling massiv be-kämpft wird, breiten sich in der entstehenden Lücke andere In-sekten aus, die wiederum mit Gift bekämpft werden müssen.

Tiefreichende Eingriffe wie die in die Genstruktur einer Pflanze haben in der komplexen Realität eines Ökosystems offenbar widersprüchliche Auswirkungen. Was bedeutet es, wenn sich Genpflanzen mit ihren wilden Verwandten kreu-zen, gerade in den Regionen, in denen die Kulturpflanzen ihren Ursprung haben – also etwa Mais in Mexiko? Wissen-schaftler haben in den USA schon wild wachsende Raps-pflanzen gefunden, die die Herbizidresistenz gentechnisch veränderten Rapses zeigten. Nur eines ist gewiss: Die Folgen des riesigen Freilandversuches Gentechnik sind bislang noch vollkommen unklar.

Eine Möglichkeit, auf diese beunruhigende Tatsache zu reagieren, ist: mehr Transparenz. In Deutschland müssen Felder, auf denen gentechnisch veränderte Pflanzen wachsen, standortgenau in ein Kataster eingetragen werden. Auf der Internetseite des Bundesamtes für Verbraucherschutz und Lebensmittelsicherheit ist es öffentlich einsehbar. Unter anderem auch deshalb werden in Deutschland kaum Genpflanzen angebaut. Abgesehen davon, dass Gentechnikgegner die entsprechenden Äcker leicht finden und zerstören können – was sie regelmäßig zu tun pflegen –, geraten Landwirte, die auf ihren Feldern Genpflanzen anbauen, stets in Konflikt mit ihren konventionell wirtschaftenden Nachbarn. Vor allem Biolandwirte sehen sich von Gentechnikfeldern bedroht, weil sie Verunreinigungen der eigenen Ernte befürchten. Das wäre deshalb problematisch, weil auch Lebensmittel, die gentechnisch veränderte Pflanzenrohstoffe enthalten, gekennzeichnet werden müssen. Verunreinigte Ware ist somit unverkäuflich. Berühmt geworden ist der Fall eines bayerischen Imkers: Im Jahr 2008 musste er seinen gesamten Honig in einer Müllverbrennungsanlage verbrennen, weil seine Bienen auf Blüten der damals in Deutschland noch nicht verbotenen Genmaissorte Mon 810 Nektar gesammelt hatten. Dabei verarbeiteten sie gentechnisch veränderte Pollen, die ein Prüflabor im Honig wiederfand. Ein Gericht entschied: Der Honig darf nicht in den Handel, weil Mon 810 nur als Tierfutter, nicht als menschliche Nahrung zugelassen war. Aus den Regalen der Supermärkte ist gentechnisch veränderte Ware aufgrund der Ablehnung der Verbraucher in Europa sowieso verschwunden, obwohl einige wenige Genpflanzen, darunter eine Zuckerrübe, einige Raps- und Maissorten, zum Import für den menschlichen Verzehr zugelassen sind. Die EU ist äußerst zurückhaltend damit, genetisch manipuliertes Obst und Gemüse zuzulassen.

Noch zurückhaltender ist der Handel, die zugelassenen Gengemüse anzubieten. 1999 hatte der Schweizer Lebensmittelriese Nestlé die Stimmung der Verbraucher getestet, und seinen Schokoriegel »Butterfinger« auf den Markt gebracht, der genmanipulierten Mais enthält. Nachdem der Handel die Süßigkeit nicht ins Sortiment aufnehmen wollte und dort, wo sie es doch schaffte, von den Käufern verschmäht wurde, stoppte Nestlé das Projekt und stellte die Produktion in Deutschland ein. Das war lehrreich. Heute bekommen die Bauern Druck vom mächtigen Lebensmitteleinzelhandel, gentechnikfreie Waren zu liefern. Der Einzelhandel wiederum fürchtet die verunsicherten Verbraucher. Inzwischen werben auch große Molkereien damit, Milch von »gentechnikfrei« ernährten Kühen zu liefern. Klebt kein Siegel auf der Packung, wurden die Tiere in konventioneller Landwirtschaft mit großer Wahrscheinlichkeit mit Genfutter gefüttert, denn billiges Soja oder günstiger Mais sind meist genmanipuliert. Und gekennzeichnet werden müssen zwar Lebensmittel, die direkt Genpflanzen enthalten – etwa der Schokoriegel mit Genmais. Nahrungsmittel, die mit Hilfe von Gentechnik hergestellt wurden – Milch von Kühen, die mit Genmais gefüttert wurden, oder auch Vitamine, die mit gentechnisch veränderten Enzymen produziert wurden –, geben das auf ihrer Verpackung aber nicht preis.

Der Protest der Verbraucher beschränkt sich bislang vorwiegend auf gentechnisch veränderte Lebensmittel, Proteststürme gegen Jeans oder Hemden aus Genbaumwolle hingegen halten sich in Grenzen. Dabei wirkt Gentechnik nach jetziger Erkenntnis viel weniger am Ende der Produktionskette, also beim Verbraucher, als vielmehr an ihrem Anfang. Gentechnisch verändertes Saatgut ist, als Ergebnis oft jahrelanger und kapitalintensiver Forschung, naturgemäß zunächst einmal teuer und erfordert zudem oft den Zukauf von passenden Pflanzenschutzmitteln. Ein Nachbau, also die Vermehrung des Saatgutes durch den Landwirt, ist nicht möglich. Organisationen wie die Arbeitsgemeinschaft Bäuerliche Landwirtschaft, die kleine Höfe und Familienbetriebe vertritt, kritisieren daher das Abhängigkeitsverhältnis, in das die Bauern gegenüber den Konzernen gerieten. Das Angebot der Chemiekonzerne richtet sich in erster Linie an große Betriebe. Vor allem in Brasilien gibt es diese enge Verbindung zwischen Genmais und riesigem Großgrundbesitz, und das wirkt sich auf die Umwelt und die Sozialstruktur auf dem Land äußerst nachteilig aus. Großgrundbesitzer vertreiben Kleinbauern und indigene Bevölkerungsgruppen von ihrem Land und bauen die »Cash-Crops« Soja, Mais und Zuckerrohr in großen Monokulturen an. Zudem besitzen sie genügend Einfluss und Chuzpe, auch verbotene Regenwaldrodungen durchzusetzen.

In China hingegen benutzen auch Kleinbauern gentechnisch veränderte Baumwolle. Die chinesische Regierung hat eigene, preisgünstigere Pflanzen entwickeln lassen und die Bauern damit unabhängig von den Monsantos und Bayers gemacht. Das zeigt, dass es ein Fehler war, die Gentechnologie für Pflanzen und ihre Begleiterscheinungen vor allem von der privaten Industrie erkunden zu lassen. Eine wirklich unabhängige Forschung zu den ökologischen und sozioökonomischen Folgen der Genpflanzen steht jedenfalls noch aus.

Zurück zur Baumwolle. Hier treten die Folgen des Anbaus auch ganz ohne gentechnisch veränderte Pflanzen klar zu Tage. Er wird unter Einsatz von Unmengen von Pflanzengiften und schädlicher Bewässerungsmethoden betrieben. Eines der bekanntesten Beispiele dafür ist der Aralsee, der ehemals viertgrößte Binnensee der Erde. Hier führte intensive, jahrelange Wassernutzung für den Baumwollanbau zu einem extremen Wassermangel in der Region. Der See, der einstmals in etwa so groß war wie Bayern, schrumpfte bis heute auf ein Drittel seiner ursprünglichen Größe. Der übermäßige Einsatz von Kunstdünger und Pestiziden setzte der Bodenfruchtbarkeit innerhalb kurzer Zeit ein Ende. Wasser und Boden, die vitalen Ressourcen der Region, versalzen – durch Menschenwerk. Fischereiindustrie und Landwirtschaft am See sind folglich verschwunden, die Anwohner verarmen. Salziger und giftiger Staub wird durch Winde in entfernte Gebiete geweht und verändert auch dort die Umwelt.

Weltweit wird durch den Einsatz von Düngern und Pflanzenschutzmitteln nicht nur der Boden belastet, auch die Feldarbeiter leiden darunter. Baumwolle wird überwiegend noch immer von Hand gepflückt, nur in den USA kommen Erntemaschinen zum Einsatz. So entsteht ein enger Kontakt zwischen Arbeitern und eingesetzter Chemie, Unfälle und Vergiftungen sind die Folge. Es macht also wenig Sinn, den konventionellen Anbau gegen den gentechnisch veränderter Pflanzen abzuwägen. Vielmehr wartet auf den Mainstream der Agrarwissenschaftler die große Aufgabe, Alternativen zu beiden zu entwickeln: ökologische, integrierte Anbaumethoden mit durch Züchtung verbesserten Pflanzen. Schon jetzt ist es für Landwirte durchaus attraktiv, Biobaumwolle anzubauen. Der ökologische Landbau verspricht trotz kleinem Marktsegment größere Gewinne, weil Dünger und Chemie eingespart werden können und Ökokleidung oft fair gehandelt wird. Von den höheren Preisen profitieren auch die Landwirte.

Allerdings gibt es selbst zur Biobaumwolle für einen bewussten Konsum bessere Alternativen: Das Paar in Stuttgart könnte zu Kleidung aus Leinen, Flachs und Hanf greifen. Die sind von der Textilindustrie zwar fast vergessen, haben aber aus ökologischer Perspektive eine Renaissance verdient: Sie sind nicht auf die klimatischen Bedingungen des südlichen Baumwollgürtels angewiesen, sondern können regional angebaut werden. Zudem benötigen sie weniger Dünger und Ackergifte als Baumwolle. Trotz dieser Vorteile bieten nur wenige, ökologisch orientierte Hersteller Kleidung aus diesen alten Nutzpflanzen an. Auch sie stehen im Wettbewerb mit der industriellen Landwirtschaft und der Energiebranche um Ackerflächen. Etwa in Konkurrenz zu den Erträgen, die sich mit einem Maisfeld erwirtschaften lassen, kann ein Acker voll blauer Leinblumen nicht mithalten (optisch allerdings schon!).

Dass die Baumwolle als Stoff für Kleider weltweit zurückgedrängt wird, liegt jedoch nicht an der Wiederentdeckung alter, sondern ganz im Gegenteil an der Entwicklung gänzlich neuer Materialien. In den Laboratorien der chemischen Industrie wurden in den dreißiger Jahren des 20. Jahrhunderts synthetische Fasern wie Nylon und Polyacryl geboren, die innerhalb kurzer Zeit immer beliebter wurden. Sie waren nicht nur billiger als Pflanzenfasern; durch die Eigenschaften der neuen Fasern konnten auch innovative Modetrends entwickelt werden, als Symbol für Modernität in den sechziger Jahren etwa die Nylonstrumpfhose. Die Kunstfasern revolutionierten die Mode und damit den Textilmarkt. Wenn die Jeans unseres Gastgebers in Stuttgart zu 99 Prozent aus Baumwolle und zu einem Prozent aus Elastan besteht, dann gibt das die Kräfteverhältnisse zwischen den beiden Bestandteilen nicht wieder. Im Jahr 2000 wurden laut dem Baumwollberatungsinstitut ICAC weltweit erstmals mehr Chemiefasern als Baumwolle verarbeitet. Und 2009 standen 23 Millionen Tonnen Baumwollfasern 35 Millionen Tonnen Synthetikfasern gegenüber.

Auch von anderer Seite gerät die Baumwolle unter Druck: Steigende Nahrungsmittelpreise und die Förderung von Biosprit aus Mais oder Zuckerrohr machen den Anbau von Baumwolle weniger attraktiv. Ein solches Ende hat die Geschichte dieser uralten Nutzpflanze nicht verdient. Die Indianer Südamerikas konnten einst lila, rosa, rote, blaue und gelbliche Baumwollfasern ernten; weil sie weniger Ertrag brachten, wurden sie industriell nicht verwertet. Diese alten Züchtungen der Pflanze gingen verloren. Wildformen der Pflanze, zum Beispiel aus Peru, konnten allerdings kultiviert werden, Züchtungsexperimente mit brauner und grüner Baumwolle liefen an. Es ist Zeit, dass Landwirte, Agrarwissenschaftler, Textilindustrie und Verbraucher zu einem neuen Umgang mit der alten Pflanze finden, einem, die dem »gewobenen Wind« auf der Haut mehr Achtung entgegenbringt.

Pullover aus der Flasche

Auf dem Weg vom Badezimmer, am Wohnzimmer vorbei in die Küche geht der Gastgeber in seiner Stuttgarter Wohnung an folgenden Dingen vorbei: an einer Waschmaschine (mit Kunststoffarmatur), einer Flasche mit Essigreiniger, drei Flaschen mit Haarshampoo und Badeschaum, einer Nagelbürste, zwei Zahnbürsten, einem Deoroller, fünf Steckdosen, einem Blumenkübel, einem Sofa, einem Teppich, einem Wäscheständer mit einem Pullover und Dutzenden von Wäscheklammern. Vollständig ist die Liste nicht, aber sie zeigt: Die Stuttgarter Wohnung ist vollgestopft mit Kunststoff. Undenkbar ist der Alltag ihrer Bewohner ohne ihn. Fast alle Dinge, die den Alltag bequem und bezahlbar machen, sind entweder ganz oder in Teilen aus Plastik. Kein Material ist vielseitiger einsetzbar. Rund 250 Millionen Tonnen werden jedes Jahr produziert, mit 85 Millionen Tonnen das meiste davon in Asien. Europa und die Vereinigten Staaten folgen mit jeweils etwa 55 Millionen Tonnen.

Kunststoff lässt sich in fast jede beliebige Form, Farbe und Festigkeit bringen. Aus Polyethylen lassen sich Getränkekisten, Schüsseln, Tüten oder Folien herstellen. Weil es farb- und geruchlos ist, wird es gerne für Lebensmittelverpackungen benutzt. Für Gefäße, in die heiße Flüssigkeiten gefüllt oder die in der Mikrowelle erhitzt werden sollen, eignet sich Polypropylen; Isolierungen für Kabel oder Steckdosengehäuse bestehen meist aus Polystyrol; und der Grundstoff für Flaschen oder Textilfasern ist das allgegenwärtige Polyethylenterephthalat, kurz: PET. Und so weiter und so weiter. Für jeden Bedarf gibt es den passenden Stoff.

Kunststoff entspringt aus stets der gleichen Quelle, dem Naphtha, und ist ein Nebenprodukt der Kraftstoffproduktion. Das Rohbenzin durchläuft die ganze verwirrende Röhrenwelt einer Erdölraffinerie, wird entschwefelt, gekocht, gepresst und mit Wasserstoff versetzt. Letztlich geht es darum: die langkettigen Kohlenstoffverbindungen auseinanderzuhacken, die Chemiker sprechen von cracken. Dies ist einer der ersten Arbeitsschritte, die das Öl durchläuft, bevor aus ihm Benzin, Farben oder eben Kunststoffe werden können. Aus den dabei entstehenden Grundbausteinen werden Kohlenwasserstoffe gewonnen und neu zusammengesetzt. Die Grundbausteine, die Monomere, werden dabei zu großen Molekülverbindungen zusammengefügt, den Polymeren. In Form von Pulver, Granulat oder Fasern werden sie zu verschiedenen Produkten weiterverarbeitet.

Erfolgreichster Kunststoff weltweit ist das schon erwähnte PET. Zwei Drittel aller weltweit produzierten Fasern und ein Drittel aller Behälter und Verpackungen bestehen aus Polyethylenterephthalat. In Deutschland werden inzwischen 75 Prozent allen Sprudelwassers und 80 Prozent aller Limonaden in PET-Flaschen verkauft. Bis zu zwanzigmal lassen sich Mehrwegflaschen befüllen, bevor sie hässlich und brüchig werden. Einwegflaschen landen sofort im Abfall. Jetzt kommt es darauf an, wo sie ausgetrunken wurden. Eine PET-Flasche in Großbritannien, Spanien oder Rumänien landet mit hoher Wahrscheinlichkeit auf der Müllkippe; in Dänemark wird sie verbrannt, nutzt das Land doch vier Fünftel seines Plastikmülls zur Energiegewinnung.

Auch in Deutschland werden große Mengen PET verbrannt, allerdings auch etwas mehr als ein Drittel stofflich verwertet, also recycelt. Oder, genauer gesagt: dem Recycling zugeführt. Denn das ist international organisiert. Die boomende Volkswirtschaft China etwa saugt riesige Abfallmengen auf und stellt aus alten Dingen neue her. Laut der Europäischen Statistikbehörde Eurostat exportierten die Länder der Europäischen Union 2010 rund drei Millionen Tonnen Plastikabfall nach China, sechsmal mehr als vor zehn Jahren. Aus sechzehn PET-Flaschen lässt sich zum Beispiel ein Fleece-Pullover herstellen, aus 22 Flaschen ein Rucksack. Die Flaschen kosten, inklusive Transport von Europa nach China, keine 50 Cent, und mit einem Pulli lassen sich 50 bis 100 Euro verdienen. Von dieser ungeheuren Wertschöpfung profitieren vor allem die Händler auf den verschiedenen Ebenen. Bei den Näherinnen in den Textilfabriken kommt kaum etwas von dem Geld an.

Exemplarisch für eine Jeanshose hat das Netzwerk Umweltbildung die Zusammensetzung des Jeanspreises aufgeschlüsselt: Die Hälfte bekommt der Einzelhandel, ein Viertel bleibt bei der Markenfirma und 24 Prozent bestehen aus Transportkosten, Zöllen, Steuern und Materialkosten. Bleibt ein Prozent des Preises für die Näherinnen übrig. Sie arbeiten zu unmenschlichen Bedingungen, oft sieben Tage die Woche, für ein paar Cent pro Stunde. Die europäische Öffentlichkeit interessiert sich nur im Katastrophenfall für diese Arbeiterinnen, etwa als Ende 2012 bei mehreren Bränden in Fabriken in Bangladesch über hundert Frauen und Männer starben oder verletzt wurden. Viele bekannte Hersteller und Händler ließen in den betroffenen Fabriken ihre Kleidung nähen, aus Deutschland der Billighändler KiK und die Modekette C&A. Die hatte sich zwar bereiterklärt, eine Entschädigung an die Familien der getöteten Näherinnen zu zahlen, ließ sich damit aber viel Zeit, als die Aufmerksamkeit der Öffentlichkeit wieder nachließ. Und als im April 2013 in Bangladesch ein Hochhaus einstürzte, in dem Textilfabriken untergebracht waren und über 1 100 Menschen starben, musste die Öffentlichkeit feststellen: Es hatte sich kaum etwas getan, all der Betroffenheit ein halbes Jahr zuvor zum Trotz. Inzwischen haben einige Textilunternehmen ein Brandschutzabkommen unterschrieben, für das Menschenrechtsorganisationen zuvor lange gekämpft hatten. Ob sich in den Fabriken wirklich etwas zum Besseren wendet, bleibt indes abzuwarten.

Als Kleidungsstück kommt die Flasche in die erste Welt zurück – um sich nach einigen Monaten oder Jahren wieder in den Süden aufzumachen. In den armen Ländern nehmen die Kleidungsstücke nicht nur ihren Anfang, sondern oft auch ihr Ende. 400 000 Tonnen alte Kleider landen nach Angaben des Vereins Fairwertung jährlich in den Häfen Afrikas. Während Entwicklungsorganisationen früher kritisierten, dass der Warenstrom die örtliche Textilindustrie vernichtete, gewichten sie heute die Arbeitsplätze und Einkommen, die rund um den Altkleiderhandel entstanden sind, höher.

Irgendwann hat das erst zur Flasche aufgeblasene und dann zur Faser geschmolzene Polyethylenterephthalat seinen Zweck erfüllt und tritt, vielleicht nach einer abschließenden Station als Putzlappen, seine letzte und längste Reise an. Zusammen mit alten Flaschen, Tüten, Fischernetzen und all den anderen Hinterlassenschaften unseres Erdölzeitalters, macht es sich auf an den Ort seiner Entstehung: ins Meer. Dort bilden sich dann – als bizarrer Meeresfriedhof – riesige Plastikteilchenstrudel. Im größten dieser Müllstrudel, dem Great Pacific Garbage Patch, schwimmen etwa drei Millionen Tonnen Plastik mit der Strömung zwischen Amerika und Asien. Inzwischen haben die Strudel so viel mediale Aufmerksamkeit auf sich gezogen, dass auch die Plastikindustrie sie nicht mehr ignorieren kann. Im Mai 2011 verabschiedeten 47 verschiedene Verbände der globalen Plastikindustrie eine Erklärung über die Verschmutzung der Meere mit Plastikmüll (Declaration of the global Plastics Associations for Solutions on Marine Litter), in der sie ankündigten, unter anderem den Plastikmüll der Meere besser zu erforschen und den guten Umgang mit Plastikmüll weltweit zu verbreiten. Zwei Jahre später stellt eine eigene Website (marinelittersolutions.com) immerhin Infos über das Problem dar und nennt inzwischen 54 Unterstützer. Und die UN hat auf ihrem Umweltgipfel in Rio de Janeiro 2012 die Verschmutzung der Meere als eines der großen zu lösenden Probleme definiert – doch deren Papiere sind bekanntlich geduldig.

Derart gelassen sollten die Industrie und die Regierungen das Problem des Kunststoffs im Meer nicht angehen, denn seine Folgen sind eklatant. Sonne, Wind und die Wellen des Salzwassers zermahlen ihn in winzige Teile, die ähnlich groß sind wie Plankton. Es ist schwer, sie in Zahlen zu fassen, aber nach einigen Schätzungen schwimmen heute fünfzigmal mehr Plastikteilchen im Meer als Plankton. Kleine Lebewesen, Fische oder Vögel füllen sich die Mägen mit der toten Substanz und verhungern mit vollem Bauch. Aber auch die noch nicht zerkleinerten Produkte aus Kunststoff stellen für die Bewohner der Meere oft tödliche Gefahren dar: »Geisternetze« schweben durch die Ozeane und fangen Fische, die auf dem Meeresgrund ersticken und verrotten. Seile und Kabel erwürgen Seehunde oder Schildkröten.

Die Polymere der verschiedenen Kunststoffe sind ausgesprochen stabil und halten viel länger als die Produkte, die aus ihnen hergestellt werden. Diese hinterlassen also Spuren weit über ihren Lebenszyklus hinaus. Recycling und die Nutzung von Sekundärrohstoffen sind derzeit zwar groß in Mode – zum Glück, denn wird ein Kunststoff mehrmals genutzt, muss weniger Erdöl eingesetzt werden –, doch der Begriff des Recyclings täuscht darüber hinweg, dass sich die üblichen, marktgängigen

Kunststoffe von heute nicht in einem Kreislauf führen lassen. Einmal hergestellt, können sie oft und für verschiedene Zwecke verwendet werden. Taugen sie zu keinem neuen Produkt mehr oder geraten sie aus dem Blickfeld der staatlichen oder privatwirtschaftlichen Abfallsammelsysteme, werden sie zu etwas, das in der Natur nicht vorkommt: Müll.

Wissenschaftler haben in der Arktis in den letzten Jahren einen besorgniserregenden Anstieg des Halbmetalls Antimon festgestellt.[12] Dieses Halbmetall wird in verschiedenen Zuständen bisweilen als giftig, krebserregend oder umweltschädlich dargestellt. Die Agentur für die Erforschung von Krebs der UN-Gesundheitsorganisation WHO zum Beispiel erkennt keine ausreichenden Belege dafür, dass Antimonverbindungen Krebs beim Menschen auslösen, sieht es aber als ausreichend bewiesen an, dass Tiere im Tierversuch an Krebs erkrankten, wenn sie mit Antimon in Kontakt kamen. Als Flammschutzmittel wird es in Form von Antimonoxid PET-Flaschen zugefügt und kann, bewahrt man Wasser längere Zeit bei höheren Temperaturen darin auf, durchaus auch in die Flüssigkeit übertreten. Trotzdem gilt PET heute als vergleichsweise harmloser Kunststoff.

Anderen Materialien werden – um sie gegen Licht und Hitze zu schützen, sie zu färben und stabil, geschmeidig und schwer entflammbar zu machen – Zusatzstoffe, sogenannte Additive, beigefügt: Weichmacher, Stabilisatoren, Pigmente, Flammschutzmittel. Weichmacher sind die meistverkauften Chemikalien überhaupt, sie sind in Kunststoffen, Farben, Lacken, Gummi und Klebstoffen enthalten. Das Marktforschungsinstitut Ceresana aus Konstanz erwartet für 2018 eine globale Nachfrage nach Weichmachern von 7,6 Millionen Tonnen, 2001 waren es noch vier Millionen Tonnen.

Zusammen mit Flammschutzmitteln wie chlorierten oder bromierten Kohlenwasserstoffen sind Weichmacher inzwischen ins Visier von Umweltschützern und Ärzten geraten. Einige der bromierten Flammschutzmittel dürfen nur noch eingesetzt werden, wenn sie nicht durch andere Stoffe ersetzt werden können.

Trotzdem: Die chemische Belastung unseres Lebensraumes, unserer Wohnungen, Büros, Geschäfte, Schulen und Kindergärten ist hoch. Der Bund für Umwelt und Naturschutz (BUND) hat Kindergärten ermöglicht, kostenlos Staubproben einzusenden und diese aufwändig im Labor prüfen zu lassen. Ergebnis: Die Kindergärten sind besonders hoch mit giftigen Weichmachern belastet, weil in ihnen Spielgeräte, Fußböden und Wände mit den Chemikalien versetzt sind – weshalb der Umweltverband darauf hinweist, dass es auch giftfreie Produkte und Materialien gibt.[13] Zum Beispiel unbehandeltes Holz oder entsprechend zertifizierte Kunststoffe – einige der Plastikmännchen und -bausteine schneiden bei Tests nämlich gut ab.

Über viele Zusatzstoffe oder Ausgangsmaterialien in Kunststoffen wird heftig gestritten. Die Chemikalie Bisphenol A (BPA) etwa, die in Mobiltelefonen, Computergehäusen, Beschichtungen von Konservendosen und Deckeln von Marmeladengläsern vorkommt, ist seit Jahren Mittelpunkt einer intensiven Debatte. Dutzende Studien beweisen die Schädlichkeit von BPA, das wie ein weibliches Hormon wirkt. Weibliche Hormone sind natürlich nichts Schlechtes – wenn sie von einem Körper bei Bedarf produziert werden. Bei Kindern, Männern und in falscher Dosis auch bei Frauen (und männlichen und weiblichen Tieren) stören sie die Fortpflanzung, verursachen Krebs und greifen das Nervensystem an. Das Hormonsystem ist komplex und äußerst sensibel. Es gibt allerdings auch Studien, in denen die Harmlosigkeit der Chemikalie bewiesen wird, wird sie in kleinen Dosen eingenommen. Die Fachwissenschaftler der Europäischen Behörde für Lebensmittelsicherheit (EFSA) erklärten die Chemikalie ausdrücklich für harmlos.

Dennoch ist BPA in der Europäischen Union in Nuckeln und Babyfläschchen seit Anfang 2011 verboten. Auch in Deutschland bieten die Behörden für jede Überzeugung etwas: Während das dem Ministerium für Verbraucherschutz unterstehende Bundesinstitut für Risikobewertung keine Gefahr durch BPA sieht, wenn die entsprechenden Gegenstände sachgemäß gebraucht würden, hält das Umweltbundesamt, das dem Umweltministerium zuarbeitet, Einschränkungen der massenhaft verwendeten Chemikalie für sinnvoll und begründet dies mit dem Vorsorgeprinzip.

Gestritten wird über Grenzwerte, über Kausalketten und über den Gebrauch von Produkten. Wie viele Milligramm Weichmacher darf ein Schlüsselbund abgeben? So viel, dass ihn ein Erwachsener unbesorgt dreimal am Tag in die Hand nehmen kann? Oder so wenige, dass ein Baby stundenlang daran nuckeln darf, ohne Schaden zu nehmen? Bei Frauen, die an Wucherungen der Gebärmutterschleimhaut leiden, wurden erhöhte BPA-Werte festgestellt. Ist das Ursache oder Folge der Erkrankung? Die US-amerikanische chemische Gesellschaft registriert weltweit Chemikalien und hat in ihrem Register CAS kürzlich die sechzigmillionste Chemikalie aufgenommen. Bezeichnenderweise hatte sie ein chinesisches Institut zur Anerkennung eingereicht – China patentiert inzwischen mehr neue Substanzen als Europa und die USA. Zwar wird nur ein Bruchteil dieser Substanzen aus den Retorten der chemischen Industrie auch industriell hergestellt und genutzt, doch sind es genug, um ihre Wirkung und ihren Verbleib vollkommen unüberschaubar zu machen. Weltweit versuchen die Regierungen, eine Übersicht über die Chemikalien zu bekommen und ihre Gefahren zu begrenzen – und errichten dabei ein ebenso unüberschaubares Geflecht von Regelwerken.

Auch unter dem Dach der Vereinten Nationen laufen verschiedene Prozesse, in denen giftige Substanzen verboten werden sollen. Im Stockholmer Abkommen etwa wurde das »dreckige Dutzend« besonders giftiger Stoffe weltweit verboten, meist handelt es sich dabei um Ackergifte. Die Liste wird langsam, aber stetig erweitert, im Mai 2011 ist als 22. Stoff Endosulfan geächtet worden. Bis 2007 hatte der deutsche Chemiekonzern Bayer das Insektengift noch hergestellt.

Seit 2006 versuchen verschiedene Arbeitsgruppen – ebenfalls unter dem Dach der UN – die negativen Folgen von Chemikalien für die menschliche Gesundheit bis 2020 zu begrenzen. Strategic Approach to International Chemicals Management (SAICM) heißt dieses Projekt und darin geht es um Blei in Farben, Nanomaterialien, Chemikalien in Produkten und um Elektro- und Elektronikgeräte.

Die Europäische Union ist bemüht, besonders sensible Bereiche – etwa die oftmals hochbelasteten Elektrogeräte, Spielzeuge für Kinder oder Kosmetika – mit eigenen Richtlinien zu regulieren. Diese benennen Substanzen, die nicht oder nur eingeschränkt verwendet werden dürfen, oder schreiben vor, wie die Produkte nach Gebrauch zu verwerten sind.

Einen umfassenden Ansatz entwickelt die Europäische Union mit einem bürokratischen Ungetüm namens REACH (Registration, Evaluation, Authorisation and Restriction of Chemicals). Damit will die EU herausbekommen, was eigentlich in ihren Breiten alles verkauft wird, um die Stofffülle irgendwann regulieren zu können. Seit 2008 müssen Unternehmen Chemikalien, die sie herstellen, importieren oder verkaufen wollen, bei einer Behörde in Helsinki registrieren lassen. Es geht um etwa 30 000 Substanzen, schätzt das Bundesumweltministerium, darum wird der Vorgang wohl Jahre dauern. Begleitet wird er von verschiedenen anderen Maßnahmen: Chemikalien, die als besonders giftig gelten, durchlaufen parallel ein Verbotsverfahren. Zudem haben die Verbraucher ein Recht zu erfahren, ob solche Gifte in den Möbeln, T-Shirts oder Tapeten enthalten sind, die sie kaufen wollen. Jeder Händler muss seinen Kunden daher Rede und Antwort stehen, ob seine Produkte Gifte enthalten – wenn sie ihn danach fragen. Das Kalkül der (oft unterschätzten) Bürokraten: Die mächtigen Handelsunternehmen werden Druck auf die Hersteller ausüben, keine giftigen Waren zu liefern.

Das könnte aufgehen, wie der Fall BPA zeigt: In den Drogeriemärkten wurden schon längst kaum noch Babyfläschchen und Nuckel verkauft, die Bisphenol A enthielten, als die EU-Kommission sie schließlich verbot. Allerdings gibt es auch kaum eine sensiblere Verbrauchergruppe als junge Eltern, und so ist es oft ein mühsames Geschäft, den »Druck der Öffentlichkeit« aufzubauen. Selbst für gutwillige und informierte Verbraucher ist es kaum zu leisten, sich stets auf dem neuesten Stand der Produkte und ihrer Inhaltsstoffe zu halten. So können im Fall der Babyfläschchen die BPA-haltigen Kunststoffe durch Materialien ersetzt werden, deren Wirkungen bislang weniger bekannt sind. Sicherer sind sie deshalb nicht.

Warum nicht lieber alles anders, alles neu machen? Das fragt der Chemiker und Verfahrenstechniker Michael Braungart mit seinem Cradle-to-Cradle-Konzept. Wörtlich übersetzt: »Von der Wiege zur Wiege«, in einem unendlichen Kreislauf, soll das Leben der Dinge dauern. Vorbild ist die Natur, in der nichts verlorengeht und nichts verschwendet wird. Im Gegenteil: Wird mehr produziert, wird auch mehr verbraucht und wieder in den Kreislauf des Lebens eingespeist. Müll existiert nicht. Dazu entwickelt Braungart, der an der Universität Rotterdam eine Professur hält und das Umweltforschungsinstitut EPEA in Hamburg leitet, neue Materialien. Zusammen mit Unternehmen entwirft und produziert er Produkte, die Mensch und Umwelt nicht nur nicht schaden; sie sollen ihnen nutzen. Den Utopie-Status hat das Ganze überwunden, es gibt etwa einen Bürostuhl, der leicht in seine Einzelteile zerlegbar ist. Die Armlehnen können nicht zwanzig, sondern zweihundertmal eingeschmolzen und wieder verwendet werden, abgeriebene Fasern seiner Sitzfläche vergiften den Raum nicht, sondern düngen die Büropflanzen. Der Klassiker seiner Cradle-to-Cradle-Idee ist ein kompostierbares T-Shirt. Hat es die Mode überholt, verrottet es im Garten zu Erde, so wie Blätter, die von einem Baum fallen und ihm im folgenden Jahr als Nahrung dienen.

Eingebettet ist die Idee der kreislauffähigen Stoffe in ein neues Konzept des Handels: Die Hersteller verkaufen ihre Produkte, sorgen aber auch dafür, dass diese wieder zu ihnen zurückkommen. Der Chemiker Braungart setzt zwar bei den Inhaltsstoffen an – nur was gut und nützlich ist, soll benutzt werden –, aber zu Cradle-to-Cradle gehört auch ein anderes Geschäftsmodell. Der Büromöbelhersteller soll keine Möbel verkaufen, sondern gesundes Sitzen. Wird der Stuhl nicht mehr genutzt, kommt er zurück ins Werk und wird wieder ein Stuhl. Oder eine Waschmaschine, ein Computer oder etwas ganz anderes. So verlockend die Idee einer schönen, neuen Welt ist – natürlich hat sie einen Haken. Ökobilanzen besitzen die von Braungart entwickelten Substanzen meist nicht; und wie sich etwa der Transport von Büromöbeln über weite Strecken auf ihre Klimabilanz auswirkt, gilt es genau zu berechnen.

Bei allem Charme, den der Ansatz hat: Den Alltag unserer Dinge wird er wohl nicht revolutionieren. Die sechzig Millionen Chemikalien sind in der Welt. Knappe hundert Jahre lang hat die Industrie sie im Grunde ohne nennenswerte Kontrolle von Verbrauchern und Öffentlichkeit entwickelt und verkauft; erst, wenn sie sich als sehr schädlich erwiesen, wurden sie verboten oder eingeschränkt. Oft mit jahrelanger Verzögerung oder regional begrenzt. Häufig werden Lacke oder Ackergifte in den Industrienationen verboten, während in den armen Ländern munter weiter Wände damit gestrichen oder Unkräuter auf Äckern vernichtet werden. Es ist leicht, die Profitgier der Industrie als Ursache dafür zu identifizieren. Im Namen des technischen Fortschritts lässt sie sich einen Stoff nach dem anderen patentieren und »schaut dann mal, wie er sich so macht«.

So zäh und lückenhaft die europäische Chemikalienpolitik ist, so vielversprechend ist doch der Versuch der europäischen Institutionen, mit dieser Haltung zu brechen. Sie zwingt die Hersteller und Importeure dazu, sich mit den verwendeten Inhaltsstoffen auseinanderzusetzen und sie als Problem anzuerkennen. Die politischen Institutionen übertragen die demokratische Mitgestaltung auf die Industrie; die Gesellschaft – vertreten durch Bürokratie, Handel und Konsumenten – entscheidet über die Substanzen, die sie in ihrer Mitte dulden will. Bislang lassen die Verbraucher ihre neuen Auskunftsrechte überwiegend links liegen, während die Industrie mit den Formularen der umfangreichen Registrierung kämpft. Und weil Stoffe erst dann ins Visier von REACH geraten, wenn sie in großen Mengen hergestellt werden, bleiben die meisten Substanzen bislang unbeachtet. Doch das Regelwerk bietet die Chance auf einen intelligenteren, vorsorgenden Umgang mit chemischen Stoffen. Entschlossene Politiker und engagierte Verbraucher können sie ergreifen.

Bewusst einkaufen können sie schon jetzt. Wer Wasser nicht aus der Leitung, sondern lieber aus der Flasche trinkt, greift am besten zur Mehrwegflasche aus Glas eines regionalen Mineralbrunnens. Das schont die Umwelt, die Gesundheit – und erhält auch noch Arbeitsplätze vor Ort. Besser als in Plastikflaschen sind Getränke auch in umweltfreundlichen Getränkekartons verpackt. Die lassen sich leicht einsammeln, transportieren und recyceln.

Künstliche Welten

Aloe-Vera-Milch und Zitronengras – so duftet das Haarshampoo im Stuttgarter Badezimmer. Nicht nur das Shampoo, auch die passende Spülung hat unser Gastgeber verwendet. Nun duftet sein Haar nicht nur, sondern glänzt auch schön. Dafür hat sich der Mann einen halben Chemiebaukasten auf den Kopf geschmiert, Fettalkohole, Propansäure-Verbindungen, Duftstoffe und Dimethicon. Diese farb- und geruchlose Flüssigkeit sorgt für den Glanz der Haare – und ist nichts anderes als Silikon. So geschmeidig sich Silikon in Fugen legt, Fensterrahmen oder Autoscheinwerfer abdichtet, so sanft umhüllt es auch das menschliche Haar. Die Chemikalie mit den hervorragenden »Kriecheigenschaften« legt sich in feine Fältchen und Risse, füllt sie auf und lässt sie glatt wirken. Silikone sind daher auch die Wundermittel der kosmetischen Industrie: In Faltencremes, Haarwaschmitteln, Lippenstiften und Puder sorgen sie für Geschmeidigkeit und Seidenglanz. In der Natur sind Silikone ein Ding der Unmöglichkeit, weil sie organische mit anorganischen Bestandteilen vereinen. Wie genau sie hergestellt werden, ist weiter vorne in Kapitel 1 ausführlicher beschrieben (siehe Seite 43).

Genau wie der Stoff selbst ist auch sein Name ein Kunstprodukt: Der englische Chemiker Frederic Stanley Kipping setzte ihn aus den Wörtern »silicon« (Silicium) und »ketone« (Keton) zusammen. In der englischen Sprache ist Silicon daher ein »falscher Freund« – das Silicon Valley verdankt seinen Namen nicht den glänzenden Haaren seiner Bewohner, sondern der dort beheimateten siliciumbasierten Computer- und Halbleiterindustrie. Kipping (1863 bis 1949) leistete Entscheidendes für die Silikonherstellung. Allerdings sah der Professor für die harzähnliche Substanz, die er in seinem Labor der Universität Nottingham gebrutzelt hatte, keine sinnvolle Verwendungsmöglichkeit. 1936 wurde er emeritiert – und just in den dreißiger Jahren erwachte das ökonomische Interesse an dem seltsamen Gummi Kippings.

Zuerst eingesetzt wurden Silikone als Isolier- und Dämmmaterial in den Autos und Flugzeugen des Zweiten Weltkrieges. Nach dem Krieg gab es für das Material kein Halten mehr, aus dem Kunstprodukt entstand eine vielfältige Materialklasse. Üblicherweise können organische Stoffe (zum Beispiel aus Erdöl) verflüssigt und geformt werden, anorganische – also Mineralien, oder Steine, sind beständig und fest. Die organischen Ursprünge der Silikone sorgen dafür, dass Silikone in hohem Maße zugleich wasserabweisend sind und flüssig vorkommen, oder zumindest als formbare Masse; der Kohlenstoffanteil verleiht den Substanzen also seine Kunststoffeigenschaften und ermöglicht es zum Beispiel, sie in Formen zu gießen. Die anorganische Komponente des halbmetallenen Siliciums sorgt für seine extreme Hitzebeständigkeit. Ist Luft anwesend, lassen sich Silikone unbeeindruckt auf 150 bis 180 Grad erhitzen, unter Luftausschluss noch einmal 100 Grad höher.

Diese nützlichen Eigenschaften der Silikone, so scheint es, braucht der moderne Mensch zum Überleben. Silikone sind überall: in Haarshampoo, Haarspray, Sonnenmilch und Hautcreme, in Autolacken, Imprägniermitteln für Schuhe und Kleidung, in Dichtungen für Fenster und Duschen, in Pflegemitteln für Terrassenfliesen, in Marmelade, Frittierfett und Kaugummi. Textilien schützen sie davor, zu verfilzen und einzulaufen. Lippenstifte und Apfelsinen lassen sie schön glänzen, Farben machen sie seidig. Silikone gelten als chemisch inert, das heißt, sie sind äußerst reaktionsträge oder reagieren gar nicht mit anderen Substanzen. Man könnte sie deshalb für harmlos halten, und als harmlos gelten sie in der Regel auch. Zwar gibt es bestimmte Silikonverbindungen etwa in Form flüchtiger Siloxane, die, gelangen sie in Seen oder Flüsse, Fische vergiften und außerdem dem männlichen Fortpflanzungssystem schaden. Doch Silikonverbindungen selbst werden bedenkenlos benutzt.

Sorgen bereiten Verbraucherschützern allenfalls die Additive, mit denen Silikone angereichert werden, genau wie bei den Kunststoffen: Weichmacher, Hitze-, Kälte- sowie UV-Stabilisatoren, Flammschutzmittel oder Biozidstabilisatoren, je nach Verwendungszweck. Diese Zusätze können aus den Silikonprodukten austreten und Gesundheit oder Umwelt schaden. Besonders die verwendeten Biozide sind besorgniserregend. In Isolierschäumen, Farben oder Baumaterialien eingebracht sollen sie den Befall durch Mikroorganismen verhindern. Doch wie der übermäßige Einsatz von Antibiotika in Tierfabriken oder Krankenhäusern fördert der verbreitete Einsatz von Bioziden in den Wohnungen Resistenzen. Es wachsen Bakterien heran, die sowohl die giftige Fuge zwischen Badewanne und Kachel als auch die Fensterdichtung überlebt haben. Und weil Bakterien ihr Erbgut problemlos austauschen können, besteht die Gefahr umfangreicher Unempfindlichkeiten. Die Konsequenzen dieser Resistenzen für medizinische Behandlungen sind nicht abzusehen, denn sie schaffen Keime, gegen die Antibiotika nichts ausrichten können. Entzündungen werden somit, wie vor der Entdeckung des Penizillins, nicht oder nur schwer behandelbar. 1928 war es entdeckt und im Zweiten Weltkrieg erstmals in großem Maßstab eingesetzt worden.

Allerdings sollten auch die so praktischen wie trägen Silikone selbst uns nachdenklich machen, beruht ihre Erfindung doch auf einem alten, aber weitreichenden Denkansatz. Für die verschiedenen industriellen Anwendungen – und nur für sie – wurden Silikone entwickelt und hergestellt. Unsere Zivilisation bedient sich dieser synthetischen Funktionsmaterialien, ohne nach ihren Wechselwirkungen in der komplexen

Welt zu fragen.[14] Ausdruck dieses Denkens ist, dass Silikone nicht in Kreisläufen geführt werden. Ein nennenswertes Recycling von Silikonen gibt es nicht, obwohl sie dafür durchaus geeignet wären. Haben sie das Ende ihrer Funktionsfähigkeit erreicht, geraten sie aus dem Blick und aus dem Sinn. Vorausgesetzt, sie sorgen nicht als Bestandteil von Abfall in Müllverbrennungsanlagen für Ärger. Wenn nämlich in den Anlagen Katalysatoren die bei der Verbrennung entstehenden Abgase reinigen und etwa Stickoxide herausfiltern sollen, kann das teuer werden: Silikone zerfallen im Verbrennungsprozess wieder in die Bestandteile Wasser, Kohlendioxid und Quarz, welcher bei hohen Temperaturen schmilzt – die teuren Katalysatoren werden verglast.

Auch Kläranlagen, die ihren Klärschlamm in Biogasanlagen verbrennen wollen, müssen auf Messinstrumente und Filtertechnik achten. Denn die Silikone aus Kosmetika und Textilien landen über den Umweg des Abwassers im Klärschlamm und erzielen in den Anlagen ebenfalls den Verglasungseffekt. Dass Brustimplantate aus Silikon vor einer Feuerbestattung entfernt werden müssten, weil sie sonst das Krematorium beschädigten, ist zwar eine Räuberpistole. Trotzdem: Vor die Wahl gestellt, sollte das Paar in Stuttgart zu Produkten ohne Silikone greifen (und von Operationen, die medizinisch nicht notwendig sind, grundsätzlich absehen). Viele Haarwaschmittel oder Hautcremes enthalten ausdrücklich keine Silikone und sind entsprechend gekennzeichnet. In den meisten Fällen werden die beiden den Kauf des Kunstprodukts allerdings gar nicht bemerken, weil die Beschreibung der Inhalte eines Haarshampoos, in winziger Schrift auf die Packung gedruckt, einen Bachelor in Chemie erfordert. Dem Laien bleiben sie unverständlich.

Vor Probleme stellen Silikone zurzeit Messtechniker und Chemielabore in Verbindung mit einer anderen, ganz neuen

Substanz: Nanopartikel. Winzig kleine Siliciumoxidpartikel bilden zusammen mit Siloxanen einen überaus harten Autolack. Die Fließeigenschaften des Silikons sorgen dafür, dass er sich zum Teil selbst reparieren kann: Kleinere Kratzer fließt das Silikon einfach zu. Durch die Einwirkungen von Sonne, Staub und Regen aus dem Lack herausgelöst, verbreiten sich die Siliciumoxid-Nanopartikel in Luft, Wasser und Boden. Weil sie so winzig sind, sind sie beinahe so beweglich wie ein Gasmolekül und für die analytische Chemie darum schwer zu fassen. Wer gerne über Stoffe seiner Umgebung Bescheid weiß, den muss das beunruhigen.

Zu klein für Paracelsus

Stellen Sie sich den Stamm eines schönen, alten Apfelbaumes vor. Daneben einen Apfel im Juni. Jetzt haben Sie ungefähr das Größenverhältnis eines Haares zu einem Nanopartikel. Teilchen in Nanogröße sind nahezu unvorstellbar klein, unsichtbar unter dem Mikroskop – und doch sind sie da und wirken. In der Natur kommen sie selbstverständlich vor, zum Beispiel als Salzkristalle in der Meeresluft, im Staub, im Ruß oder als Sand, der vom Wind über weite Strecken transportiert wird. Wenn Nanopartikel längere Zeit in der Luft bleiben, dienen sie als Kondensationskeime für Regentropfen. Aber auch Knochen und Zähne bestehen aus Strukturen nanokleiner Hydroxylapatitpartikel.

Seit Urzeiten bedient sich der Mensch der Nanopartikel. Der Ruß, mit dem die Steinzeitmenschen vor zehntausenden von Jahren Tiere und Zeichen in Höhlen malten, besteht aus Nanopartikeln. Nanogold gab den Kirchenfenstern des Mittelalters seine rubinrote Farbe. Doch weder die Maler von Altamira noch die Glaser des Doms zu Havelberg wussten, womit genau sie arbeiteten. Das machte erst eine Erfindung in den achtziger Jahren des vergangenen Jahrhunderts möglich: das Rastertunnelmikroskop. Damit konnten Physiker, Chemiker und Biologen auf einmal die grundlegenden atomaren Strukturen der Dinge betrachten. Und sie verstanden besser als zuvor, wie die Struktur eines Materials seine Funktion beeinflusst. Für die Entwicklung der Nanotechnologie ist dieses Verständnis grundlegend. Erst jetzt war der Versuch möglich, gezielt Einfluss auf einen festen Stoff auf Ebene der Atome oder Moleküle zu nehmen.

An der Definition des Begriffes Nano wird international unter Hochdruck gearbeitet, denn bevor nicht klar ist, was ein Nanopartikel überhaupt genau sein soll, lassen sich die Winzlinge auch nur schwer mit Gesetzestexten erfassen und regulieren. Die EU-Kommission hat ihren Mitgliedsländern empfohlen, alles Material als »Nano« zu bezeichnen, welches in einem bestimmten Größenbereich mindestens zur Hälfte aus Teilchen besteht, die größer als einen und kleiner als einhundert Nanometer sind. Einige ausdrücklich genannte Materialien wie Fullerene, Graphenflocken und Kohlenstoff-Nanoröhrchen gelten ebenfalls als Nanomaterialien, wenn sie kleiner als ein Nanometer sind. Diese Definition soll 2014 überprüft werden. Nanopartikel sind also kleiner als ein Millionstel Millimeter oder ein Milliardstel Meter. Aus acht bis 4000 Atomlagen bestehen die Partikel. Auf diese Größe geschrumpft, verändern Materialien ihre Eigenschaften und ihr Aussehen. Das Beispiel des rotleuchtenden Kirchenfensters zeigt es: Während Gold auf makroskopischer Ebene golden glänzt, erscheint es in Nanogröße rot, weil es das Licht anders absorbiert, bricht und reflektiert.

Die Winzlinge – der Begriff Nano entstammt dem Griechischen und bedeutet »Zwerg« – haben im Vergleich zu ihrem Volumen eine riesige Oberfläche. Genau wie die Körperoberfläche einer Maus im Verhältnis zu ihrem Volumen größer ist als die Haut eines Elefanten im Verhältnis zu seiner Größe. Und genau wie Maus und Elefant unterscheiden sich die Partikel nicht nur in ihrem Umfang, sondern auch in ihrer Gestalt. Je nach ihrem Äußeren, ob ihre Oberfläche Pyramiden bildet, kugelig ist wie ein Fußball oder aussieht wie eine Rolle Maschendrahtzaun, weisen sie völlig unterschiedliche Eigenschaften auf. In nanoskopischen Dimensionen sind die physikalischen und chemischen Eigenschaften eines Stoffes sowohl von der Größe als auch von der Form abhängig: Chemisch identische Stoffe zeigen jeweils unterschiedliche Eigenschaften, je nachdem, in welcher Größe und Form sie vorliegen.

Titandioxid zum Beispiel ist ein oft genutzter Werkstoff, der uns in unserem Alltag eigentlich ständig umgibt. Das pulverisierte Mineral wird in alles gemischt, was schön weiß sein soll: Creme und Zahnpasta, Farben und Lacke, Tabletten und Kaugummis. Als Lebensmittelfarbe trägt Titandioxid die Bezeichnung E 171 und gilt als harmlos; es weigert sich, mit anderen Stoffen zu reagieren, und wird, vielleicht als Pfefferminzbonbon gelutscht, unverdaut wieder ausgeschieden. Gewonnen wird das Pigment aus Gestein wie Ilmenit oder Rutil. Fein zermahlen und chemisch aufbereitet bleiben die strahlenden Eigenschaften des Minerals erhalten, sodass sie das Licht in seinem ganzen Farbspektrum breit streuen, brechen und reflektieren. Auch Zucker, Glas oder Salz erscheinen feingemahlen weiß. Im Gegensatz etwa zu Puderzucker ist Titandioxid aber nicht wasserlöslich und erhält seine lichtwerfende Kraft auch in Flüssigkeiten. Seit beinahe hundert Jahren nutzt die Industrie den Stoff und kennt ihn gut.

In nanokleine Teilchen zerlegt, birgt Titandioxid aber Überraschungen. Die winzigen Partikel mit der im Vergleich riesigen Oberfläche streuen das Licht nicht, sondern lassen es teilweise passieren. Darum wirken sie für unser Auge nicht weiß, sondern transparent. Und weil sie trotzdem das ultraviolette Licht teils reflektieren, teils absorbieren, schützen sie als Bestandteil von Sonnenmilch unsere Haut vor Sonnenbrand. Das könnte auch makroskopisches Titandioxid, merken Martina Erlemann und Jens Soentgen in ihrer *Stoffgeschichte Titandioxid* an. Nur sähe der Sonnenbadende dann aus wie frisch gestrichen. Dank Nano aber ist er geschützt, und trotzdem wird die attraktive Bräune sichtbar.[15]

Um ein Ausgangsmineral auf Nanogröße zu zerkleinern, ist ein recht aufwändiger chemischer Prozess nötig. Pulver von Titandioxid lässt sich nicht einfach auf diese Größe mahlen, so feine Mühlen existieren nicht. Aber es gibt andere Möglichkeiten, zum Beispiel die Sol-Gel-Methode. Vereinfacht werden dabei Verbindungen des Elements Titan mit bestimmten Alkoholen zu einem Gel vermischt. Nach Zugabe von Wasser wird das Ganze über einen längeren Zeitraum erhitzt, bis sich ein farbloser Niederschlag beobachten lässt: Titandioxid-Nanopartikel.

Nützlich sind sie nicht nur in Sonnenmilch. Farbstoffsolarzellen etwa erzeugen Strom, indem sie die Prozesse der Photosynthese nachahmen. Die Sonne löst chemische Reaktionen in einem Farbstoff – zum Beispiel Brombeerextrakt – aus, bei denen Energie freigesetzt wird. Titandioxid-Nanopartikel leiten den Strom weiter. Diese nach ihrem Erfinder, dem Chemiker Michael Grätzel, benannten Grätzel-Zellen sollen Solarmodule leistungsfähiger und billiger machen. Industriell hergestellt werden die Zellen noch nicht, ihre Produktion hat Tücken. Die Energieausbeute der Zellen ist noch geringer als die klassischer Siliciumzellen, auch halten sie bislang nicht sehr lange. Farben oder Straßenbelag auf Basis von Titandioxid-Nanopartikeln gibt es aber schon. Sie wirken photokatalytisch, mit Hilfe von Sonnenlicht können sie Schwefel- oder Stickoxide aus der Luft adsorbieren und zersetzen. Das heißt, die Straßen befreien die

Städte von stinkenden Auspuffgasen. Die Anwendungsbeispiele ließen sich fortführen: In Zahncreme sollen die Partikel zerstörten Zahnschmelz regenerieren, Textilien schmutz- und Fensterscheiben wasserabweisend machen. Die Erwartungen an die kleinen Teilchen sind riesig. Die Hersteller versprechen, die Nanotechnologie erlaube eine ressourcenschonende Produktion und bringe vor allem in der Umwelttechnik (erneuerbare Energien, Luft- und Wasserreinigung) große Fortschritte. Aber auch in der Medizin weckt Nano große Hoffnungen.

So entwickelten Ärzte des University Colleges London zusammen mit einer US-Spezialfirma eine künstliche Luftröhre für einen schwer an Luftröhrenkrebs erkrankten Mann. Dazu wurde ein Gewebe aus nanoskopischen Polymeren mit den Stammzellen des Mannes geimpft. In einem Bioreaktor wuchs daraus die künstliche Luftröhre, die dem Patienten in der Stockholmer Uniklinik implantiert wurde. Weil sein Körper sie nicht als Eindringling empfand, musste er sich nicht der quälenden Therapie unterziehen, die sonst üblich ist, damit das Immunsystem Implantate duldet. Seine Stockholmer Ärzte berichten, dem Patienten gehe es zwei Jahre nach der Operation gut, immer wieder sei er für Wochen beschwerdefrei. Inzwischen arbeiten sie aber an ganz neuen Materialien und experimentieren mit Biokunststoffen, aus denen zum Beispiel auch Colaflaschen hergestellt werden.

Die Ärzte hoffen, mit ihrem Verfahren irgendwann auch komplexere Organe züchten zu können. Nanopartikel aus Eisen beispielsweise sollen in die Zellen wuchernder Krebsgeschwüre eingeschleust, dort in Schwingung versetzt werden und so die kranken Zellen zerstören. Ein anderer Plan: Kleine Nanoroboter sollen Medikamente gezielt an die Stellen im Körper transportieren, an denen sie gebraucht werden.

Die Anwendungsbeispiele zeigen es: Nanopartikel sind Grenzgänger zwischen Chemie, Physik und Biologie. In physikalisch-technischen Verfahren wird versucht, Metalle und Halbmetalle wie Silicium in Nanogröße zu spalten. Festplatten und andere Speicherbausteine werden somit immer leistungsfähiger und kleiner. Die supramolekulare Chemie wiederum sucht nach nanokleinen, leistungsfähigen Katalysatoren und Membranen. Die Phantasie von Wissenschaftlern, Prokuristen und Science-Fiction-Autoren aber regen besonders biotechnologische Verfahren an. Diese versuchen die Natur möglichst genau nachzubauen, zum Beispiel die Photosynthese oder die effiziente Weiterleitung von Informationen von der DNA an Proteine zu kopieren.

Die Neugier der Wissenschaftler wird begleitet von einer Goldgräberstimmung der Kaufleute. Geht es um die Potentiale der Nanotechnologie, wird stets mit vielen Nullen gerechnet. Die Bundesregierung schätzte den Weltmarkt für Nanomaterialien 2011 auf über 90 Milliarden Dollar. Allerdings reiche die wirtschaftliche Bedeutung der Nanotechnologie »aufgrund der Hebelwirkung als Schlüsseltechnologie wesentlich weiter«, schreibt das Bundesforschungsministerium in seinem »Nano. De-Report 2011«. Auf ein Volumen von einer bis drei Billionen US-Dollar für das Jahr 2015 schätzen Analysten denn auch den Nanomarkt ein.

Die OECD hält das allerdings für maßlos überzogen. Die Zahlen umfassten den Markt für alle Produkte, die Nanopartikel enthielten, und berechneten den nanospezifischen Anteil nicht extra. Außerdem ignorierten sie die Bedenken von Forschungsergebnissen, die sich mit möglichen schädlichen Wirkungen von Nano für die Umwelt oder die menschliche Gesundheit befassen und die für bestimmte Anwendungen der Technik womöglich zu Einschränkungen oder Verboten führen.

Die Nanotechnologie wurde schon von Anbeginn an nicht nur von großen Erwartungen, sondern auch von Befürchtungen begleitet. Es ist die andere Seite der Medaille: Weil Nanopartikel neue Eigenschaften haben, bergen sie auch neue Gefahren. So sind sie klein genug, um die Schutzmechanismen von Lebewesen überwinden zu können, mit denen diese sich vor Eindringlingen zu schützen pflegen. In einer Studie ließen Forscher Ratten Nano-Titandioxid von zwanzig Nanometern Größe einatmen. Nach einigen Tagen fanden sie die Partikel in fast allen Organen im Körper, in Leber, Niere, Herz, Milz und im Gehirn. Dabei schirmen Wirbeltiere – wie Ratten oder Menschen – ihr wichtigstes Organ eigentlich besonders effektiv gegen Eindringlinge ab. Die Blut-Hirn-Schranke trennt den Blutkreislauf vom zentralen Nervensystem und filtert Krankheitserreger oder Gifte aus dem Blut heraus, während Nährstoffe passieren dürfen. In den Tierversuchen ist es Nanopartikeln nun aber gelungen, diese Schranke zu umgehen. Einmal eingeatmet, gelangten sie direkt von der Nasenschleimhaut ins zentrale Nervensystem. Was genau stellen die Winzlinge an, sind sie einmal in ein Organ gelangt? Bislang wissen wir wenig darüber, genauso wenig wie über die Auswirkungen von Nanopartikeln auf die Umwelt.

Das harmlose Titandioxid tötete in seiner Nanogröße in einem Versuch der Universität Koblenz-Landau 90 Prozent der Wasserflöhe, die in einem entsprechend präparierten Wasserbad schwammen. Die Partikel lagerten sich an den winzigen Tierchen an und schwächten sie so sehr, dass sie ihre Häutung nicht überlebten. Interessant an dem Landauer Versuch ist, dass die Forscher darin die übliche Versuchsanordnung veränderten. Sie beobachteten die Tiere drei Tage lang, viel länger als die dem internationalen Standard entsprechenden 48 Stunden. Die bedenkliche Wirkung trat erst später ein. Was also wird in Gewässern passieren, in die nennenswerte Mengen Sonnenmilch auf Basis von Titandioxid-Nanopartikeln gelangt? Vermutlich gilt Paracelsus' alte Weisheit, dass die Dosis das Gift mache, bei diesen Minipartikeln nicht mehr.

Der Ruf nach einer umfangreichen Begleitforschung, die Gefahren und Risiken der neuen Technologie unter die Lupe nimmt, ist schon frühzeitig laut geworden. Das Institut für Technikfolgen-Abschätzung der Österreichischen Akademie der Wissenschaften hat sich den Umfang dieser Forschung kürzlich vorgenommen. Das Ergebnis ist ernüchternd. Sowohl die EU-Kommission als auch Staaten wie Deutschland oder Großbritannien haben sich zwar schon vor Jahren verpflichtet, zwischen fünf bis 15 Prozent der Fördergelder für die Nano-technologie in eine begleitende Risikoforschung zu investieren. Doch passiert ist wenig. Zwar sind die Fördersummen schwer zu berechnen, weil sie nicht nach dem Kriterium »Begleitforschung« erfasst werden und auch die Förderung der Nano- als Querschnittstechnologie (also nicht auf eine Industrie beschränkt) oft statistisch nicht erkennbar wird. Doch für Deutschland kommen die Wiener Wissenschaftler auf eine Quote von lediglich 3,6 Prozent an der Forschungsförderung im Jahr 2010. Solange diese nicht an Zielen, sondern eher an verwaltungstechnischen Strukturen und Institutionen ausgerichtet und erfasst werde, »wird auch in Zukunft die Diskussion um die Förderquote und um die Schwerpunktsetzung innerhalb der Begleitforschung auf dem Niveau von Forderungen und nichtbelegbaren Versprechungen bleiben«, schlussfolgern die Autoren.[16]

Staatliche Institutionen, Wissenschaftler, Umwelt- und Verbraucherverbände haben versucht, die neue Technologie kontrolliert und nach dem Vorsorgeprinzip einzuführen. Trotz aller Bemühungen ist dieser Versuch gescheitert. Die Schwierigkeit, Nanomaterialien in die EU-Chemikalienverordnung REACH einzufügen, veranschaulicht dies. Die Partikel sind chemische Substanzen, also werden sie vom Prozess der Registrierung und Zulassung erfasst. Sie gelten dabei nicht als grundsätzlich neue Stoffe, sondern als Stoffe in einer bestimmten Form. Nanomaterialien werden also zusammen mit dem »Ursprungsstoff« registriert. Lange haben die Experten um den jetzigen Status quo gerungen, und viele wichtige Fragen sind noch immer offen. So spielen im REACH-Prozess Mengenangaben eine wichtige Rolle. Chemikalien werden darin nämlich unterschiedlich behandelt, je nachdem, wie viel von ihnen hergestellt wird. Nanomaterialien erreichen diese Tonnagen oft nicht, weil sie so winzig und leicht sind. Andere Mengenangaben wären notwendig. Außerdem können Materialien ihre Eigenschaften und ihre Wirkungen ändern, wenn sie in Nanogrößen vorliegen. Es wäre also sinnvoll, diese in die Stoffbeschreibung aufzunehmen. »Geht nicht!«, rufen die Experten, denn es komme immer auf das einzelne Partikel an und die Form, in der es vorliegt. In Definitionen lasse sich das nicht sinnvoll fassen.

Während Bürokratie und Wissenschaft mit Definitionen kämpfen, gehen die Entwicklung von Produkten sowie ihre Vermarktung munter weiter. Rund eintausend Produkte zählt die Datenbank für Nanoprodukte des Bund für Umwelt und Naturschutz (BUND) inzwischen. Nano-Siliciumdioxid steckt in einem Rotkleepulver (eine angeblich sinnvolle Nahrungsergänzung in den Wechseljahren), der Fahrradreifen enthält Nanoruß und der Tennisschläger besteht aus Kohlenstoffnanoröhrchen. In der Pfötchensalbe für den Hund, in Kleidern, Schuhcreme, Putz- und Waschmitteln, Nano ist schon überall.

Seit 2013 müssen Kosmetika, die Nanopartikel enthalten, gekennzeichnet sein, für Lebensmittel gilt eine entsprechende Verordnung ab 2014. Doch Rufe nach einem Moratorium für Nanopartikel verhallten ungehört. Unter anderem liegt das wohl an dem Wettkampf zwischen Europa, den USA und Asien. Das maßgebliche Register des Woodrow Wilson International Center for Scholars, in dem nanobasierte Alltagsprodukte verzeichnet werden, führt Asien an. Europa liegt als

Hersteller auf Platz drei hinter den USA. Groß ist deshalb auch die Angst in Politik und Industrie, dass China und die Vereinigten Staaten die ökonomischen Chancen der neuen Technik nutzen, während Europa noch über ihre Risiken streitet – wie in der Biotechnologie. So wurde aus dem Versprechen eines vorsorgenden Risikomanagements wieder ein Spiel mit offenem Ausgang. Zwar haben Politiker und Unternehmen aus dem Desaster gelernt, das sie mit der grünen Gentechnik in Europa erlebt haben. Gegen die ablehnende Haltung der öffentlichen Meinung hatte diese Technik keine Chance. So erlebte die Biotechnologiebranche im Jahr 2012 zwar einen Boom und konnte Umsatz und Mitarbeiterzahl steigern. Unter den zahlreichen neu gegründeten Unternehmen befand sich aber keines, das sich mit der Genmanipulation von Pflanzen befasste. Im Juni 2013 dann das Fanal: Der US-Saatgutkonzern Monsanto teilte mit, er werde seine Lobbyarbeit in Europa aufgeben.

Der Nanotechnologie sollte es nicht ähnlich ergehen, darum wurde die Öffentlichkeit eingeladen, an einem Nano-Dialog teilzunehmen. Firmen, Politiker, Gewerkschaften, Kirchen und Umweltverbände debattierten in Arbeitsgruppen Möglichkeiten und Gefahren von Nano. Schön, dass einmal drüber geredet wurde. Die weitere Ausbreitung von Nanoprodukten hat der Dialog nicht verhindert; Konzepte, die Stoffe rückholbar zu machen, falls sie sich als gefährlich erweisen sollten, wurden auch nicht entwickelt. Ob und unter welchen Bedingungen Nanopartikel eventuell gefährlich sind, werden wir erst erfahren, wenn wir sie massenhaft hergestellt und verwendet haben – wie bei der Gentechnik, dem Plastik und dem Silikon. Dabei zerstreuen wir die Ausgangsstoffe in alle Winde. Denn auch diese Frage ist noch unbeantwortet: Wie lassen sich die Winzlinge in sinnvolle Stoffkreisläufe überführen? Bislang wissen wir nicht einmal, wie sie sich in Wasser und Wind fortbewegen, wie fein sie sich verteilen oder ob sie sich dauerhaft an andere Substanzen anheften und ablagern.

Es ist wie in der alten Fabel vom Hasen und dem Igel. Obwohl die Industriegesellschaften inzwischen eigentlich genug Erfahrungen mit ihren selbstentwickelten und dabei so riskanten Stoffen gemacht haben – mit Pflanzen, die Bauern unter die Fuchtel von Chemiekonzernen bringen, mit giftigen Weichmachern im Plastikspielzeug oder mit Sonnenmilch, die eventuell bis in die letzte Körperzelle vordringen kann –, haben sie ihre Gesetzgebung und Verwaltung daran nicht angepasst. Bislang ist es der demokratischen Öffentlichkeit und den Parlamenten verwehrt, ernsthaft mit darüber zu entscheiden, welche Stoffe sie zu welchem Zweck zu ertragen bereit sind. Dafür handhabbare Strukturen zu schaffen, die technische Entwicklung trotzdem fördert, ist wohl eine der drängendsten Aufgaben des 21. Jahrhunderts.

5 Gute Fahrt! Aber nicht mit dem Auto, wie wir es kennen

Vier Freunde sind heute Abend zum Essen eingeladen. Den Weg zu ihren Gastgebern kennen sie gut, sie sind ihn schon oft gefahren. Selbstverständlich haben sich die beiden Paare jeweils in ihre Wagen gesetzt – das eine Paar besitzt ein Auto, das andere zwei. Damit sind sie in guter Gesellschaft: 82 Prozent aller Haushalte in Deutschland verfügen über einen eigenen Wagen und fahren regelmäßig damit. 43,3 Millionen Pkws gab es 2013 in Deutschland, fast zehnmal mehr als 1960. Das Auto ist das wichtigste Verkehrsmittel der Deutschen, Autofahrten haben einen Anteil von 85 Prozent am gesamten Verkehr, in einigen ländlichen Regionen sind es noch mehr.

Die Allgegenwart des Autos hat Konsequenzen: Je nach Rechenmethode beträgt der Anteil des Verkehrs an den gesamten Treibhausgasemissionen 13 bis 20 Prozent. Das Auto belastet Menschen und Umwelt nicht nur global, sondern auch vor Ort. In Stuttgart wurden 2010 an 110 Tagen die EU-Grenzwerte für Feinstaub – das heißt krebserregende, nanokleine Ruß- und Staubpartikel in der Luft – regelmäßig überschritten. Die Anwohner von Ausfallstraßen oder Autobahnen leiden aber nicht nur unter dem Dreck, sondern auch unter dem stetigen Lärm des Kraftverkehrs. Lärm erhöht den Blutdruck, führt zu Tinnitus und Lernstörungen und macht reizbar. Das Umweltbundesamt geht davon aus, dass der Lärm von Autos, Lastwagen und Motorrädern jährlich etwa 4 000 Herzinfarkte verursacht. Und die Weltgesundheitsorganisation (WHO) setzt Lärm auf Platz zwei auf der Liste der die Krankheitslast vergrößernden Umweltfaktoren: In Westeuropa gingen so jährlich »über eine Million gesunde Lebensjahre« verloren, schätzt die Organisation. Die Liste der fatalen Begleiterscheinungen des unbegrenzten individuellen Autoverkehrs lässt sich in beliebigen Feldern fortsetzen: Straßen zerschneiden Lebensräume von Menschen und Tieren, die flächendeckende Versorgung mit Infrastruktur hat einen hohen ästhetischen Preis, Lärm stört Anwohner und gefährdet ihre Gesundheit.

Obwohl auch die vier Gäste die Probleme kennen und den Verkehr verfluchen, wenn sie im Feierabendstau feststecken oder bangen, ob ihre Kinder heil mit dem Fahrrad nach Hause kommen – auf das Auto wollen sie nicht verzichten. Ihr ganzer Lebensstil baut auf der Mobilität durch ein eigenes Fahrzeug auf. Die einen wohnen in einem Vorort, der nur selten von einem Bus angesteuert wird. Der Arbeitsplatz, die Läden, Ärzte, Musikschulen und Kinos sind in der Stadt. Nahe der Innenstadt wohnen die anderen Gäste, die nächste S-Bahnhaltestelle ist gar nicht weit. Aber vor der Arbeit muss eines der Kinder in den Kindergarten, das andere in die Schule; nach der Arbeit stehen oft Einkäufe oder andere Besorgungen an. Mit dem Auto lässt sich das leichter organisieren, es bringt ihre Besitzer jederzeit überall hin. Außerdem bietet es ihnen einen Rückzugsraum, in dem sie sich sicher fühlen, und es definiert ihren sozialen Status. Abgesehen davon macht ihnen Autofahren, wenn die Straßen frei und Parkplätze in Sicht sind, einfach Spaß.

Für die Menschen in den Schwellenländern besitzt der automobile Lebensstil eine ungeheure Anziehungskraft. Statistisch verfügten 2006 noch 1 000 Chinesen über achtzehn Autos, 2008 waren es schon 27 und 2011 schon 54. Prognose: ein weiterer schneller Anstieg. Dieser beruht auf der bezahlbaren Verfügbarkeit eines einzigen Stoffes: Erdöl.

Vogelscheuchen für Alberta

Wie so oft, beginnt auch diese Geschichte im Meer. Vor Millionen von Jahren sanken Meereslebewesen wie Fische, Muscheln, Krebse und Algen auf den Meeresgrund und blieben dort liegen. In einigen Regionen der Ozeane, zum Beispiel an besonders tiefen Stellen oder in den Tropen, fehlte auf dem Meeresgrund Sauerstoff. Dann verrottete die Biomasse nicht – und gab also dabei auch kein Kohlendioxid frei –, sondern verfaulte zu einem kohlenstoffreichen Schlamm, der von weiteren Sedimentschichten überlagert wurde. Wenn dann auch noch die Druck- und Temperaturverhältnisse stimmten, entstand in Millionen von Jahren eine komplexe organische Substanz: Erdöl. Zusammengesetzt aus Kohlen-, Wasser-, Stickstoff und Schwefel, Quecksilber, Arsen, Nickel, Vanadium und hunderten weiteren Stoffen, überdauerte es die Zeit.

An der Erdoberfläche tritt Öl als Bitumen aus, der Asphalt ähnelt. Schon früh nutzten ihn die Menschen, um ihre Boote abzudichten, Fackeln herzustellen oder als Heilmittel auf ihre Wunden zu schmieren. Die Perser gaben ihm den Namen »Naft«, den die Griechen übernahmen. Mit dem Wort »Naphtha« bezeichnen wir heute noch Rohbenzin.

87,4 Millionen Barrel Öl (ein Barrel sind etwa 159 Liter) hat die Welt im Jahr 2011 nach Schätzung der Internationalen Energieagentur IEA verbraucht. Davon strömen rund zehn Prozent in die Produktionsstätten der chemischen Industrie, der überwältigende Teil wird als Benzin, Diesel, Kerosin oder Heizöl verbrannt. Damit ist Öl einer unserer wichtigsten Lieferanten für Energie überhaupt. Auf dem Weg zum genormten Otto-Kraftstoff an der Tankstelle wird der Naturstoff Erdöl in verschiedene Bestandteile zerlegt, die sich durch ihren Siedepunkt unterscheiden. Dabei entstehen unter anderem leichte und schwere Öle (aus jeweils kürzeren beziehungsweise längeren Kohlenstoffketten), Rohbenzin und -gas. Leichte und schwere Bestandteile werden anschließend noch einmal in einem bestimmten Verhältnis vermischt und die Moleküle so angeordnet, dass sie die rechte Klopffestigkeit im Motor erreichen, die vorgeschriebene Oktanzahl.

Bis in die neunziger Jahre wurde dem Benzin Blei zugefügt, um diesen Effekt zu erreichen. Doch das Schwermetall führt, wird es über einen langen Zeitraum in kleinen Dosen über Nahrung, Atemluft oder über Hautkontakt aufgenommen, zu schweren Krankheiten. Es greift Nervensystem und Muskulatur an und beeinträchtigt die Blutbildung. Besonders hinterhältig: Das Blei kann statt Calcium in Knochen eingebaut werden und so Lagerstätten im Körper bilden, die ihr Gift langsam wieder abgeben. Inzwischen ist Blei im Sprit weltweit verboten, in nur noch sechs Ländern darf es laut der australischen Umweltorganisation The Lead Group, die gegen die Verwendung von Blei kämpft, verkauft werden: In Afghanistan, Algerien, Burma, dem Irak, dem Jemen und in Nordkorea. Allerdings finden Bleiverbindungen jenseits des Benzins noch breite Anwendung, etwa in Farben, Rostschutzmitteln, Akkus oder in der chemischen Analytik.

Zurück zum Öl: Am Ende des Raffinerieprozesses sind all seine Bestandteile umgewandelt und genutzt worden. Nach mittlerweile knapp siebzig Jahren Petrochemie haben sich die Raffinerien in hoch effiziente Fabrikverbünde ausgewachsen, die für jedes Molekül ihres Rohstoffes eine Verwendung und einen Markt geschaffen haben. Anfänglich hatten Kraftstoff- und Chemieindustrie nicht viel miteinander zu tun. Grundlage der chemischen Industrie waren Rohstoffe wie Steinkohleteer oder Holz. Erst nach dem Zweiten Weltkrieg gingen sie eine symbiotische Verbindung ein.

1859 war das noch anders. Der frühpensionierte Eisenbahnarbeiter Edwin L. Drake suchte im Auftrag eines Industriellen im Städtchen Titusville in Pennsylvania nach Erdöl – mit Erfolg. Karl Otto Henseling beschreibt in *Am Ende des fossilen Zeitalters*, wie Drakes Bohrung den Stoff, der vorher nur schwer zugänglich war, leicht verfügbar machte. Während das Fass im Jahr seiner Entdeckung 20 Dollar kostete, verfiel der Preis aufgrund effektiver Bohrtechniken im Laufe von zwei Jahren auf 52 Cent. 66 000 Tonnen Erdöl pumpten die Maschinen 1860 aus der Erde. Trotz des anfänglichen Preisverfalls legte Erdöl den Grundstein für den sagenhaften Reichtum John D. Rockefellers. Er baute sein Ölimperium Standard Oil auf, das die gesamte Lieferkette umfasste, von Plantagen für das Holz der Ölfässer bis zur Ölverarbeitung. Dabei ging es zunächst allerdings nicht um Zündstoff für Autos, sondern für Lampen: Petroleum revolutionierte die Beleuchtungstechnik. Für Erdgas und Bitumen, die das Erdöl bei der Förderung begleiten, gab es zunächst keine Verwendung. Sie wurden einfach abgefackelt. Das Petroleum aber trat seinen Siegeszug durch die Zimmer an. Doch ihm drohte Ungemach. Weltweit arbeiteten verschiedene Ingenieure an der Glühbirne. Gegen Ende des 19. Jahrhunderts lief sie dem Petroleum den Rang ab, war ihre Anwendung doch sicherer, weil sie nicht so leicht Feuer fing.

Rettung für das Öl brachten wiederum Ingenieure. Eine weitere Erfindung wartete darauf, gemacht zu werden. Während es in Deutschland noch keine Ampel gab (Bedarf dafür gab es erstmals 1924 am Potsdamer Platz in Berlin), lief am 14. Januar 1914 bereits die erste Tin Lizzy, Kosename für das legendäre Modell T von Ford, vom Fließband. Lange Zeit hielt es den Rekord als meistgebautes Auto der Welt, bis ihm 1972 der VW-Käfer diesen Rang ablief. Aber nicht nur als Kraftstoff für Autos fand Erdöl einen neuen Markt. Vor allem Schiffe machte es schneller – und unauffälliger, weil ihnen so die verräterische Rauchfahne der mit Kohle angetriebenen Dampfschiffe fehlte. Der englische Marineminister Winston Churchill erkannte die strategische Bedeutung des neuen Treibstoffes für die Kriegsflotte vor dem Ersten Weltkrieg. Während die Vereinigten Staaten mit Rockefellers Ölimperium Standard Oil und die Niederländer in ihren asiatischen Kolonien mit der Royal Dutch Shell den Erdölmarkt kontrollierten, sahen sich die Briten im Nachteil. Sie stiegen mit einer Mehrheitsbeteiligung bei der Anglo-Persian Oil Company ein, aus der sich British Petroleum entwickeln sollte. Noch heute gehören diese drei Unternehmen als Exxon, Shell und BP zu den großen Spielern auf dem Mineralölmarkt.

So abgegriffen die Bezeichnung ist, so stimmig ist sie auch: Erdöl ist das Schmier- und Antriebsmittel der globalisierten Wirtschaft. Der schnelle Transport von Waren und Menschen über den Globus wäre ohne Öl nicht möglich, weshalb die Debatte darüber, wie viel davon noch vorrätig ist, intensiv geführt wird. Das Strausberger Zentrum für die Transformation der Bundeswehr, das es nach einer Selbstbeschreibung dem Bundesverteidigungsministerium ermöglichen soll, »frühzeitig langfristige und sicherheitspolitisch relevante Fragestellungen zu identifizieren«, befasste sich 2010 mit dem sogenannten »Peak Oil«. Dieser Höhepunkt der Fördermenge an Erdöl in einem Fördergebiet gilt als erreicht, wenn rund die Hälfte des förderbaren Öles ausgebeutet wurde. Es ist schwer zu definieren, wann das genau der Fall ist, außerdem ist die Wirkung des Peak Oil umstritten. So gibt es verschiedene Modelle darüber, wie es nach dem Peak weitergeht: Die Fördermenge könnte zunächst einige Jahre stagnieren oder aber steil abfallen. Während einige Experten davon ausgehen, dass das weltweite Fördermaximum schon in den achtziger oder neunziger Jahren erreicht wurde, rechnet die Internationale Energieagentur mit einem Peak nicht vor dem Jahr 2035.[17] Erstens lassen sich die bislang unentdeckten Quellen nur schätzen, zweitens hängen die Zahlen davon ab, welche Reserven einberechnet wurden.

Wer die Vorkommen in ökologisch sensiblen oder gefahren-
reichen Regionen wie der Arktis oder in den Tiefen der Ozeane
ebenso einbezieht wie kanadische Ölsande, denen das
schwarze Gold nur mit viel Geld und Energie entzogen werden
kann, kommt zu höheren Zahlen als jene, deren Berechnungen
eine gewisse Selbstbeschränkung beinhalten.

Wie wenig die natürliche Begrenztheit des Erdöls in den In-
dustrie- und Schwellenländern begriffen worden ist, zeigt sich
im »Wunder« des Schieferöls und -gases, das die USA in den
vergangenen Jahren erlebt haben und von dem nun auch Unternehmen und Politiker in Europa träumen. Amerika förderte
2012 so viel Öl wie seit anderthalb Jahrzehnten nicht mehr.
Die Internationale Energieagentur geht davon aus, dass das
Land die Produktion von Schiefergas bis zum Ende des Jahr-
zehnts verdreifacht. Die USA steuern in Sachen Öl und Gas
langsam in Richtung Autarkie, jubeln Experten. Aber nicht
alle. So weist die »Energy Watch Group«, ein internationales
Netzwerk von Wissenschaftlern und Parlamentariern, darauf
hin, dass die Erdölindustrie die sinkenden Förderraten ihrer
produzierenden Felder mit großem Aufwand kompensieren
muss, und betont, auch bei dem Boom der vergangenen Jahre
sei ein Ende absehbar: Die USA steuern »aktuell auf den Höhepunkt der Schiefergasgewinnung zu, dem ein tiefer Rückgang
der Förderung noch in diesem Jahrzehnt folgen wird«, schreibt
die Watchgroup in einer Studie im Frühjahr 2013.

Und in der Tat: Die Technik des Frackings erscheint wie das
letzte Aufgebot der Öl- und Gasindustrie. Beide Rohstoffe liegen in ihren Lagerstätten in porösem Gestein vor. Aus dem Untergrund sind sie so lange nach oben gewandert, bis sie auf un-
durchlässige Schichten, etwa Ton, stießen und sich darunter
sammelten. Wird eine solche konventionelle Lagerstätte ange-
bohrt, entweicht ihr Inhalt unter großem Druck nach oben.
Anders beim Schiefergas oder -öl. Das sitzt zwar auch im Ge-

stein – anders als der Name vermuten lässt, kein Schiefer, sondern Ton – fest. Es ist allerdings über eine größere Fläche verteilt und entweicht auch nicht so leicht. Daher sind nicht nur vertikale Bohrungen nötig, um die Quelle »anzuzapfen«, sondern auch horizontale. Eine umfangreiche Infrastruktur wird nötig, um an Öl und Gas heranzukommen. Alle paar Kilometer muss Platz für Bohrtürme und Zufahrtsstraßen geschaffen werden – der Flächenverbrauch ist riesig. In die unterirdischen Bohrlöcher wird, mit hohem Druck, ein Gemisch aus Wasser, Sand und Chemikalien gepresst, um das Gestein aufzubrechen. Auch im Deutschen hat sich für die Methode das Kunstwort Fracking eingebürgert, das dem Englischen entstammt: »to fracture« – brechen, aufreißen.

Kritiker fürchten vor allem das Chemikaliengemisch, das beispielsweise die feinen Risse, durch die Gas und Öl entweichen können, frei von Bakterien halten oder für Stabilität im Wasser-Sand-Gemisch sorgen soll. Zwar beteuern Industrie und politische Befürworter, das Verfahren sei sicher und ein Schutz des Grundwassers gewährleistet, schließlich befänden sich die Vorkommen in Deutschland, anders als in den USA, in so großer Tiefe, dass dort keine Grundwasser führenden Schichten betroffen seien. Wasser ist allerdings zu wichtig, um es Experimenten auszuliefern – und genau das ist Fracking. Was geschieht, wenn teure, komplizierte Technik nicht funktioniert, zeigte zuletzt etwa die Katastrophe der Deepwater Horizon im Golf von Mexiko im April 2010. Eine Technologie für das 21. Jahrhundert darf aber auch dann keine verheerenden ökologischen Schäden anrichten, wenn Menschen oder Maschinen einmal aussetzen.

In Nordrhein-Westfalen und den Niederlanden beschäftigt man sich zudem mit einem zusätzlichen Risiko des Frackings: künstliche Erdbeben. Schließlich wird der Untergrund für kurze Zeit heftig erschüttert. Im dicht besiedelten Mitteleuropa scheint die Methode daher abwegig, die Landesregierungen in Düsseldorf und Hannover, für die deutschen Vorkommen an Erdgas zuständig, versuchten denn auch, sie in ihren Bundesländern zu verhindern. Trotzdem unternahm die Bundesregierung noch kurz vor der Bundestagswahl den Versuch, Fracking per Gesetz zu ermöglichen, scheiterte aber am Widerstand in den eigenen Reihen. Kurz vor der Bundestagswahl hatten nur wenige Abgeordnete der Union Lust, vor Ort mit einer verunsicherten Bevölkerung über vergiftetes Grundwasser zu diskutieren. Der Gesetzesentwurf, über den das CDU-geführte Umweltministerium und das FDP-geführte Wirtschaftsministerium ein halbes Jahr gestritten hatten, liegt nun auf dem Stapel »Wiedervorlage nach dem Herbst 2013«.

Die aufgeregte Debatte zwischen Befürwortern und Gegnern der Technik – der christdemokratische EU-Energiekommissar Günther Oettinger warnte zum Beispiel vor einer Deindustrialisierung Europas, wenn es seine unkonventionellen Gasvorkommen aufgrund emotionaler Diskussionen nicht ausbeute – verdrängt, um welch kleine Mengen es eigentlich geht. Die von der Bundesanstalt für Geowissenschaften und Rohstoffe vermuteten 0,7 bis 2,3 Billionen Kubikmeter Schiefergas in Deutschland würden das Land ein Jahrzehnt unabhängig von Lieferungen aus dem Ausland machen. Ein Jahrzehnt – im Jahrhundertprojekt Energiewende ist das nichts. Der Hype ums Schiefergas und Schieferöl ist also in mehrfacher Hinsicht Energieverschwendung.

Die großen Mengen Öl und Gas liegen noch immer im Nahen Osten, gefolgt von der Gemeinschaft unabhängiger Staaten GUS und Nordamerika. Laut IEA beherbergt Kanada mit 173 Milliarden Barrel riesige Reserven, die allerdings in Form von Ölsanden vorliegen. Zwar geraten die Ölfirmen in Kanada derzeit unter starken Druck. Der amerikanische Markt ist voll von eigenem Schieferöl, die Preise sinken, die Pipelines sind verstopft. Schon wurden geplante Ölsandprojekte auf Eis gelegt, Kanadas Wirtschaft zittert um ihren Aufschwung. Allerdings ist der Fracking-Zauber endlich, und dann werden sich die Manager der Ölindustrie wieder an die Vorkommen in Kanada erinnern. Dort sind die begehrten Kohlenwasserstoffe gebunden in Sand, Ton und anderen Verbindungen und haben in dem Gemisch nur einen Anteil von einem bis 20 Prozent. Liegen die Sande an der Erdoberfläche, werden sie im Tagebau gefördert und hinterlassen eine Mondlandschaft. Unterirdische Felder werden erschlossen, indem Dampf in die Erde gepresst und der Sand so verflüssigt und ausgewaschen wird. Greenpeace schätzt, dass für einen Liter Öl etwa zwei Tonnen Ölsand bewegt werden müssen. Der Abbau geht einher mit gravierenden Eingriffen in Landschaft und Ökosystem. Schwermetalle, Stickoxide und Treibhausgase werden emittiert und führen in der Region zu saurem Regen. Quellen werden angezapft und ihr Wasser verseucht, sodass es nicht in den Wasserkreislauf zurückgeführt werden kann, Rohrleitungen zerschneiden und verschmutzen die Landschaft.[18]

Betroffen von diesem Abbau ist das traditionelle Siedlungsgebiet verschiedener indigener Gruppen Kanadas, den »First Nations«. Seit Jahren kämpfen sie so verzweifelt wie vergeblich gegen den Ölsandabbau in ihrer Heimat. Er macht sie krank: Initiativen wie das Indigenous Environmental Network berichten über erheblich erhöhte Krebsraten. Zusammen mit den borealen Wäldern Kanadas – jenen riesigen Urwäldern, denen der griechische Gott des Nordwindes Boreas seinen Namen gab – werden auch die traditionellen Lebensweisen der Indigenen zerstört. Ihr Trinkwasser und ihre Nahrung – Wild und Fisch – werden durch den Ölsandabbau verseucht. Die Bestände der für die Ernährung so wichtigen Karibus, die Rentiere Nordamerikas, gehen drastisch zurück. Und die versprochenen Arbeitsplätze und der Wohlstand der Region sind ausgeblieben – es verdienen nur die Konzerne wie Syncrude, Total und Shell.

Wie weit sich die Menschen der Region schon an die katastrophalen Folgen des Ölsandabbaus in ihrer Heimat gewöhnt haben, verdeutlicht ein absurder Gerichtsprozess in der Provinz Alberta, der in den vergangenen Jahren in Kanada Schlagzeilen machte. Im April 2008 waren in einem riesigen Absetzbecken des kanadischen Ölsand-Konzerns Syncrude auf der Durchreise in ihr Sommerquartier 1606 Enten gelandet. Der schillernde See wurde zur tödlichen Falle, schwammen auf seiner Oberfläche doch klebriges Bitumen und andere Gifte. Alle Enten kamen um. Ein Gericht sprach den Konzern schließlich schuldig. Nicht etwa, weil er giftige Rückhaltebecken betreibt, die Boden und Gewässer verseuchen. Sondern weil er die Enten nicht an der Landung im Giftbecken gehindert hatte – er habe es versäumt, rechtzeitig eine ausreichende Zahl von Vogelscheuchen aufzustellen. Nach heftiger Gegenwehr einigte sich Syncrude mit den Staatsanwälten schließlich auf eine Strafzahlung von drei Millionen kanadischen Dollar.

Die zerstörte kanadische Landschaft wieder in einen Lebensraum zu verwandeln, wenn aller Ölsand abgebaut ist, wird wohl etwas teurer. Die Klimabilanz des kanadischen Öls fällt deutlich schlechter aus als die des saudi-arabischen Öls aus der Wüste, weil seine Raffination viel aufwändiger ist. Trotzdem geht die IEA in ihren Berechnungen für die Energiequellen der Zukunft ganz selbstverständlich davon aus, dass sie ausgeschöpft werden. Genau wie die Lagerstätten der Tiefsee. Die Gefahren, die mit der Bohrung dort verbunden sind, hat die Katastrophe der Deepwater Horizon im Golf von Mexiko gezeigt. 780 Millionen Liter Rohöl flossen monatelang ins Meer, bis das Loch im Meeresboden in 1500 Metern Tiefe gestopft werden konnte. Elf Arbeiter starben bei der Explosion auf der Bohrinsel, Millionen Liter von Rohöl flossen ins Meer. Wie viel genau, untersucht eine Kommission. Nach der Menge bemisst sich die Höhe der Schadenersatzforderungen, die der britische Konzern BP, Verursacher der Katastrophe, an den amerikanischen Staat zahlen muss. Obwohl die Wissenschaftler die ökologischen Folgen noch gar nicht abschätzen können, erwägt der britische Konzern BP, Verursacher der Katastrophe, die Zahlungen an die betroffenen Fischer und Hoteliers zu kürzen.

Im April 2011 zog das an der Unternehmung beteiligte Schweizer Unternehmen Transocean zufrieden seine Jahresbilanz für 2010. Besonders wenige Unfälle seien zu beklagen gewesen, darum erhielten die Manager des Unternehmens Bonuszahlungen in Millionenhöhe. Kein Jahr dauerte es zudem, bis die US-Regierung dem Mineralölkonzern Shell im Februar 2011 wieder eine Bohrgenehmigung im Golf von Mexiko erteilte. Im Frühjahr 2013 meldete ein Ölkonzern begeistert den Fund riesiger Ölvorkommen im Golf von Mexiko – in über 3 000 Metern Tiefe. Deepwater Horizon hatte in 1 600 Metern Tiefe gebohrt. Ein halbes Jahr nach dem Unglück hatte US-Präsident Barack Obama alle Tiefseebohrungen stoppen wollen und Ende Mai 2010 ein Moratorium verhängt. Ein US-Bundesgericht setzte es schon einen Monat später außer Kraft: 32 Ölunternehmen hatten geklagt.

Inzwischen hat die US-Regierung ganz andere Prioritäten gesetzt: Sie will das Land unabhängig von Energieimporten machen und setzt auf einen massiven Ausbau der Förderung der fossilen Energien Öl, Gas und Kohle – wo und wie auch immer sie gewonnen werden können. Damit ist sie nicht alleine: Vor den Küsten Westafrikas nehmen Angola und Nigeria Tiefseevorkommen in Angriff. Unverdrossen erteilt Grönland schottischen Unternehmen Genehmigungen, die Ölvorräte im einzigartigen Lebensraum Arktis zu erkunden, für den sich auch die USA, Russland und die EU interessieren.

Dabei sind die regelmäßig wiederkehrenden Unglücke nicht einmal das Schlimmste. In der russischen Tundra versickern aus kaputten Pipelines Millionen Tonnen Erdöl, regelmäßig tritt aus Plattformen in der Nordsee Öl in Mengen aus, die es nicht in die Schlagzeilen schaffen. Erdölförderung ist eine alltägliche Katastrophe. Die Initiative der ecuadorianischen Regierung, ihre Ölvorräte, die unter dem Regenwald des Yasuní-Nationalparks liegen, gegen Ausgleichszahlungen in Höhe von 3,6 Milliarden US-Dollar im Boden zu lassen, ist bisher weder auf große Resonanz gestoßen noch hat sie Nachahmer gefunden und liegt seit Jahren in der Schwebe. Zwischenzeitlich suchte die Regierung nach Sponsoren im eigenen Land, inzwischen setzt sie wieder auf die internationale Staatengemeinschaft als Geldgeber. Ob die Summe zustandekommt, ist derzeit mehr als fraglich, die Verhandlungen um die Bohrlizenzen in dem Land laufen bereits. Besonders interessiert zeigen sich dabei chinesische Bieter.

Es hat den Anschein, als sei den Industrie- und Schwellenländern keine Gefahr zu groß, um ihren auf Öl basierenden Lebensstil so lange wie möglich aufrechtzuerhalten. Dies birgt nicht nur ökologische Gefahren, sondern birgt auch massive wirtschaftliche Nachteile. So weist die Kreditanstalt für Wiederaufbau KfW darauf hin, dass Volkswirtschaften, die zu sehr auf (billige) fossile Energieträger setzen, ihre Wettbewerbsfähigkeit verlieren. Wer der Endlichkeit fossiler Energien und der Knappheit von Rohstoffen auf einer endlichen Welt ins Auge sieht, wird erfinderisch, macht seine Unternehmen effizienter – und rüstet sich so für die Zukunft.

Vor allem die deutsche Autoindustrie verweigert sich dieser Logik mit großer Konsequenz. Seit Jahrzehnten kämpft sie erfolgreich für den Verbrennungsmotor. Beunruhigt schaute sie Anfang der neunziger Jahre nach Brüssel. Im Zuge der Verhandlungen über das Kyotoprotokoll hatte die EU beschlossen, den Ausstoß von Kohlendioxid zu mindern. Bestandteil der Strategie war, dass Neuwagen im Jahr 2012 nicht mehr als 120

Gramm CO_2 pro Kilometer ausstoßen dürften. Vor allem die deutsche Automobilindustrie schrie Zeter und Mordio ob dieser Gängelung und konnte sie schließlich auch abwenden: mit der Selbstverpflichtung, den CO_2-Ausstoß bis 2008 auf 140 Gramm pro Kilometer zu beschränken.

Wie alle Selbstverpflichtungen der Autoindustrie hielt sie auch diese nicht ein, sondern nutzte sie nur zum Zeitgewinn. Tatsächlich betrug der Kohlendioxidausstoß der neu zugelassenen Pkw-Flotte in der EU im Jahr 2008 rund 155 Gramm pro Kilometer, bei der durch Porsche, Daimler und Co. geprägten deutschen waren es noch einmal zehn Gramm mehr. Daraufhin rang sich die EU doch zu gesetzlichen Vorgaben durch, gewährte der Industrie aber mehr Zeit. Erst 2015 muss sie nun die 120-Gramm-Vorgabe erreichen. Derzeit verhandelt die EU über strengere Grenzwerte – 95 Gramm pro Kilometer schlägt die Kommission vor. Obwohl der Wert technisch schon jetzt zu meistern wäre, ist er der Autoindustrie viel zu niedrig. Für die besonders schadstoffintensiven Nutzfahrzeuge gibt es übrigens noch gar keine Richtlinien in Bezug auf den CO_2-Ausstoß. Das Umweltbundesamt bemängelt gar, dass nicht einmal eine europaweit vergleichbare Datengrundlage existiere und sieht hier dringenden Handlungsbedarf.

Zwar hat die Industrie immer effizientere Motoren entwickelt. Doch das führte nicht etwa zu sparsameren Fahrzeugen – vielmehr wurden die Autos bei annähernd stabilem Verbrauch technisch aufgerüstet. Wog ein VW-Golf Anfang der achtziger Jahre noch zwischen 750 und 800 Kilogramm, sind es heute rund 1,2 bis 1,3 Tonnen. Die Treibhausgasemissionen spiegeln diese Zahlen wider: Während andere Sektoren den CO_2-Ausstoß zwischen 1990 und 2004 mindern konnten, stieg der des Verkehrs im gleichen Zeitraum um 26 Prozent an. Den größten Anteil daran hat der Güterverkehr, und auch die Emissionen aus dem Flugverkehr haben frappierend zugelegt. Der Verbrennungsmotor stellt dabei noch immer die überwältigende Technik dar. Alternativen wie die mit Wasserstoff angetriebene Brennstoffzelle oder das Elektroauto (auf das wir noch zurückkommen werden) sind aus dem Versuchsstadium kaum heraus.

Die effizienteste Methode, Emissionen zu senken – und zwar an Abgasen und an Lärm – bekämpft die Industrie seit Jahren zäh und erfolgreich: ein Tempolimit. Ingenieure sind sich einig, dass eine Geschwindigkeitsbegrenzung auf etwa hundert Stundenkilometer den Ausstoß von Kohlendioxid erheblich senken würde. Doch was in weiten Teilen der zivilisierten Welt üblich ist, scheint in Deutschland nicht durchsetzbar. Hierzulande dienen die Autobahnen als Demostrecke für die hochpreisigen Flitzer, mit denen Daimler und Co. im Ausland so erfolgreich sind. Doch warum einfach, wenn es auch kompliziert geht?

Um die Dreckschleuder Automotor zu erhalten, entwickelten Industrie und Politik in den achtziger Jahren schließlich eine geniale Idee: Sprit aus Pflanzen! Aus ihm konnte schließlich durch den Verbrennungsprozess im Motor nur so viel CO_2 entstehen, wie die Pflanze vorher per Photosynthese gespeichert hatte. Der Biosprit würde demnach das Erdölbenzin umweltfreundlicher machen. Und ganz nebenbei den darbenden Landwirten, für deren Lebensmittel die Verbraucher nur niedrigste Preise zu zahlen bereit waren, eine neue Einnahmequelle erschließen. Es begann die Geschichte eines politisch geförderten, rasanten Aufstiegs einer Branche – und ihres ebenso politisch motivierten Absturzes.

Nachwachsende Problemfelder

In seinem Bericht über den Frankfurter Automobilsalon im September 1991 sparte *Der Spiegel* nicht mit Spott: »Münchens Antwort auf den Treibhauseffekt steht in Halle 5. Prall und

pausbäckig wie ein Frosch präsentiert sich E1, der erste ›rein-
rassige‹ Elektrowagen von BMW. Nach Werksangaben schnurrt
der nur 3,4 Meter lange Wagen ›in Nullkommanix von Null auf
50 km/h‹. Schon im Vorfeld pries BMW das Fahrzeug als ›atem-
beraubend alternativ‹ sowie als ›Knüller‹. Die Konzeptstudie
ist, was die Fachwelt mehr verwundert, sogar ›fahrbereit‹‹,
ätzte das Nachrichtenmagazin aus Hamburg.[19] Die plötzlich so
ökobegeisterte Autoindustrie wurde allerdings schon damals
durchschaut. Das Umweltbundesamt warnte früh auch vor falschen Hoffnungen in umweltfreundlichen Biosprit.[20] Und der
Landesverband Niedersachsen des Verkehrsclubs Deutschland
befand 1990: »Biosprit ist nichts als eine faule Ausrede derjenigen, die sich um wirkliche Lösungen herumdrücken wollen
und die sich nicht dazu durchringen können, der heiligen Kuh
Individualverkehr ihre Schranken zu zeigen.« Diese Analyse
war ebenso klarsichtig wie vergeblich. Noch im gleichen Jahr
wurde Rapsmethylester, also ein chemisch reines Rapsölderi-
vat, von der Mineralölsteuer befreit.

In den ersten Jahren des neuen Jahrtausends gewann die
Suche nach Alternativen zum Erdöl an Dringlichkeit. Der 11.
September und der Irakkrieg schärften das Bewusstsein dafür,
von welch instabilen Regionen sich die Industrieländer abhängig gemacht hatten. Zugleich schaffte der Klimawandel
den Sprung von den Wissenschaftsmagazinen auf die ersten
Seiten der Tageszeitungen. Einer der Wege weg vom Öl führte
hin zu den Pflanzen, die zu sogenannten »Nawaro« geadelt
worden waren, zu nachwachsenden Rohstoffen. Der amerikanische Präsident George W. Bush kündigte eine Biosprit-Of-
fensive an, die Europäische Union beschloss, ihren Anteil am
Kraftstoffverbrauch bis 2020 auf zehn Prozent zu steigern.
Europäer und Amerikaner setzten dabei jeweils auf zwei unterschiedliche Techniken. Während man sich in Europa den
Ölpflanzen zuwandte und aus ihnen Biodiesel gewann, bevor-

zugten die USA und Brasilien Mais und Zuckerrohr und bauten eine Ethanolbranche auf. So dominiert den deutschen Biospritmarkt heute Biodiesel. 2,6 Millionen Tonnen wurden 2012 hergestellt, in der Regel aus Raps. Im Frühling färben die Blüten des Korbblütlers die Landschaft gelb, auf 1,3 Millionen Hektar bauten die Landwirte 2011 Raps an, das sind etwa zwölf Prozent der deutschen Ackerfläche.

Was das Auge erfreut, ist für die Umwelt weniger schön: Der Deutsche Sachverständigenrat für Umweltfragen nennt den Rapsanbau aufgrund seines hohen Bedarfs an Dünge- und Spritzmitteln »risikoreich, weil umweltgefährdend«. Die 1,3 Millionen Hektar ergaben fünf Millionen Tonnen Rapskörner, das bedeutet zwei Millionen Tonnen Rapsöl. Um daraus Biodiesel herzustellen, wird das Pflanzenöl zunächst mit Methanol vermischt. Dieser einfachste aller Alkohole ist giftig, dreißig Milliliter davon geschluckt können tödlich wirken. Das Gemisch aus Pflanzenöl und Methanol wird in einem zweiten Schritt mit einem Katalysator versehen und erwärmt. Dabei tauscht das Glycerin im Pflanzenöl seinen Platz mit dem Methanol. Es entstehen drei Molekülketten aus Fettsäure-Methylester und ein freies Molekül Glycerin. Glycerin ist ein begehrter Rohstoff in der chemischen Industrie und kann etwa zu Waschmitteln oder Kosmetika weiterverarbeitet werden. Die Fettsäuren werden destilliert, das heißt, die Flüssigkeit wird erhitzt und verdampft, der Dampf wird aufgefangen und gekühlt. Fertig ist der sehr reine Biodiesel.

Zuckerrohr wird in Brasilien traditionell in großem Maßstab angebaut, ebenso wie Mais in den USA. Aus ihnen lässt sich kein Diesel, aber ein Ersatz für Benzin gewinnen – Ethanol. In Deutschland machte Ethanol Anfang 2010 Furore: Als zehnprozentiger Zusatz zum fossilen Benzin rauschte es unter dem Namen E10 durch die Nachrichten und empörte die Autofahrer. In Deutschland wird Ethanol aus Weizen, Roggen und

Zuckerrüben hergestellt. Derzeit bauen die Landwirte auf rund 240 000 Hektar Pflanzen zur Ethanolgewinnung an. Die Produktion steigt in ganz Europa. Während sie 2007 noch bei 1,4 Millionen Tonnen lag, stieg sie auf 2,9 Millionen Tonnen im Jahr 2009.

Die Musik spielt allerdings nach wie vor anderswo: Die US-Regierung schätzt, dass derzeit rund 40 Prozent der Maisernte zu Ethanol verarbeitet werden, mehr als zu Tierfutter, zu dem Mais bisher größtenteils diente. Brasilien bringt es derzeit alleine auf über 700 Tausend Tonnen Zuckerrohr, der je nach gebotenem Preis zu Ethanol oder zu Speisezucker verarbeitet wird. Bioenergie hat dort schon einen Marktanteil von 18 Prozent am gesamten Energiemix. Die Regierung des Riesenlandes plant, seine Anbauflächen auszuweiten und den Kraftstoff nicht mehr nur für den heimischen Markt, sondern auch für den Export anzubauen.

Dabei gelten Biodiesel und Ethanol nicht gerade als der Weisheit letzter Schluss. Industrie, Wissenschaft und Politik setzen hohe Erwartungen in den Biokraftstoff der sogenannten zweiten Generation. Rohstoffbasis des Biomass-to-Liquid-Verfahrens (BtL) können Holz, Stroh oder auch tote Tiere sein. Sie werden zunächst vergast. Aus dem Biogas wird flüssiger Kraftstoff gewonnen. BtL-Kraftstoff ist effizienter als herkömmlicher Biosprit. Während man mit der Ernte eines Hektars Anbaufläche bei einem Verbrauch von 7,4 Litern pro 100 Kilometern mit Ethanol 22 400 Kilometer und mit Biodiesel 23 300 Kilometer fahren kann, bringt es BtL auf 64 000 Kilometer, geschlagen allerdings von Biomethan mit 67 600 Kilometern. Das errechnete die Fachagentur für Nachwachsende Rohstoffe. Außerdem kann BtL von allen Autos getankt werden, ohne dass der Motor Schaden nähme.

Bis jetzt ist die Herstellung des BtL-Kraftstoffs im industriellen Maßstab allerdings noch nirgends geglückt. Im sächsischen

Freiberg tüftelte jahrelang die Firma Choren, unterstützt von dem Mineralölkonzern Shell und den Autobauern VW und Daimler Benz, an der industriellen Produktion von BtL, bevor sie Insolvenz anmelden musste. Das Verfahren ist komplizierter und teurer als gedacht und hat den Sprung von der Demonstrationsanlage in die industrielle Produktion nicht geschafft. Doch die IEA sieht die Zukunft in BtL, auch die Bundesregierung hält das Verfahren für besonders förderungswürdig. Der Kraftstoff wird nicht besteuert, auch wenn er zur Erfüllung der gesetzlich vorgeschriebenen Beimischungsquote genutzt werden sollte. Neben der Effizienz machen ihn seine Ausgangsmaterialien interessant. Anders als Mais, Raps oder Weizen stehen Stroh, Holz oder gar Abfall, zum Beispiel aus dem Hausmüll, nicht in Konkurrenz zu Nahrungsmitteln.

Doch BtL ist nicht die einzige Perspektive. Die Deutsche Lufthansa testete auf der Strecke Frankfurt-Hamburg einen Agrardieselkraftstoff des finnischen Biokraftstoffkonzerns Neste Oil. Ein Triebwerk ihres Airbus A321 wurde zur Hälfte mit einem Sprit aus dem Öl der Jatrophapflanze, Leindotter und tierischen Fetten betankt. British Airways testet in London Kerosin aus Abfall. Und auf der Internationalen Luftfahrtausstellung (ILA) in Berlin startete 2010 das Kleinflugzeug Diamont DA42 und flog, betankt mit reinem Algensprit, seine Kreise. Die Politik reagiert erfreut auf die kohlendioxidhungrigen und schnell wachsenden Wasserpflanzen und fördert ihre Verwendung auf vielen Ebenen. Allerdings liegt die Jahresproduktion an Algen derzeit bei 10 000 Tonnen, der Kerosinverbrauch jährlich aber bei 200 Millionen Tonnen.

Chemiker, Biotechniker, Physiker und Ingenieure arbeiten an zahlreichen neuen Verfahren. Denn nicht nur die Kraftstoffindustrie schaut auf die endlichen Ölvorräte. Auch die chemische Industrie macht sich längst Gedanken über die Zeit »beyond Petroleum« (für BP steht die elegante Abkürzung allerdings nicht mehr, der britische Ölkonzern verabschiedet sich nach und nach aus den erneuerbaren Energien) und arbeitet an verschiedenen Konzepten einer Bioraffinerie. Die Rohstoffbasis ist unterschiedlich, mal sind es Algen, mal Kräuter wie Drachenkopf, Gras, Holz oder Stroh. Der Traum der Wissenschaftler ist es, einen ähnlich vielfältigen Grundstoff zu entwickeln wie ihn heute das Erdöl darstellt, aus dem sich dann die unterschiedlichsten Produktlinien ziehen lassen. Eins zu eins wird das Prinzip der Erdölraffinerie übertragen und nur der Ausgangsstoff verändert. Forscher und Konzerne (Bayer und Co. sind bei den Projekten natürlich mit im Boot) haben andere Nawaro-Produkte im Sinn als die heute schon genutzten Tüten aus Maisstärke oder Salatverpackungen aus Zuckerrüben.

Welche Technik sich letztlich durchsetzen und das Erdöl ersetzen wird oder ob sich verschiedene Entwicklungspfade herausbilden werden, ist kaum abzusehen. Ebenfalls unbeantwortet ist die grundsätzliche Frage, ob nachwachsende Rohstoffe überhaupt ein sinnvoller Ersatz an der Tankstelle sind. Wer diese Frage mit ja beantwortet, argumentiert mit der besseren CO_2-Bilanz der Biokraftstoffe. Außerdem zeigt der Anbau der Pflanzen nicht die katastrophalen Begleiterscheinungen wie die Erdölgewinnung. Allerdings ist auch die ausgeglichene Klimabilanz der Agrarkraftstoffe zweifelhaft. So liegt zum Beispiel der Kohlendioxidausstoß von Rapsdiesel nur wenig unter dem fossilen Diesel. Je nachdem, welche Rohstoffe verwendet wurden, schneidet der Pflanzensprit sogar schlechter ab.

Wird Soja- oder gar Palmöl aus Plantagen auf gerodeten Urwaldflächen beigemischt, weist er eine schlechtere Klimabilanz auf als fossiler Sprit. Zwar betonen die Hersteller in Deutschland stets, Palmöl sei als Kraftstoff kaum geeignet, weil es schon bei Zimmertemperatur schnittfest werde. Darum stecke in ihrem Biodiesel fast ausschließlich Raps. Das mag im Winter so sein. Doch alljährlich im warmen Sommer reisen

Mitarbeiter von Greenpeace durch die Lande und entnehmen an Tankstellen Dieselproben. 2010 ergab die Analyse in Deutschland einen Sojaanteil von 25 Prozent und einen Palmölanteil von insgesamt zehn Prozent. Dabei unterschied sich auch der Anteil bei den einzelnen Konzernen: Die Aral-Tankstellen von BP etwa mischten bis zu 44 Prozent Palmöl in ihren Diesel, bei Shell fand Greenpeace 39 Prozent. 2011 ergaben Proben an 92 Tankstellen in neun EU-Staaten, darunter Deutschland, Frankreich, Italien, Schweden und Österreich, einen Palmölanteil am Liter Diesel von bis zu einem Drittel.

Die EU hat auf die Vernichtung von Regenwald zur Energiepflanzenproduktion inzwischen mit einer Verordnung reagiert, die den nachhaltigen Anbau von Energiepflanzen vorschreibt. In Deutschland trat die Nachhaltigkeitsverordnung, gegen den erbitterten Widerstand des Deutschen Bauernverbandes, Anfang 2011 in Kraft. Damit setzte die Bundesrepublik die EU-Richtlinie als erster Mitgliedsstaat um. Nun darf hierzulande nur noch Agrarsprit verkauft werden, der mindestens 35 Prozent weniger Treibhausgase ausstößt als fossiler Kraftstoff, außerdem dürfen die Pflanzen nicht von Plantagen oder Äckern kommen, für die wertvolle Lebensräume und Kohlendioxid-senken wie Regenwald oder Moore vernichtet wurden. Die Hersteller müssen sich von Prüfstellen, etwa dem TÜV, zertifizieren lassen und belegen, dass sie die Kriterien erfüllen. Ohne das Zertifikat keinen Markt, heißt die Devise. Allerdings ist nicht nur Greenpeace aufgefallen, dass der Biosprit jetzt zwar von zertifizierten Plantagen stammt, diese aber diejenigen Palmenplantagen in den Urwald drängen, die Öl für Nahrungsmittel und Chemieindustrie liefern. Denn eine generelle Nachhaltigkeitsverordnung für jegliche Biomasse gibt es nicht. Das Problem der »indirekten Landnutzungsänderung« ist das nächste Feld, das die EU in Sachen Biosprit beackert. Dabei sollte ihre Nachhaltigkeitsverordnung einer politischen Achterbahnfahrt ein Ende setzen, deren Betrachtung lohnt, weil sie die unheilvollen Konsequenzen einer gut gemeinten, aber wenig durchdachten Technikförderung offenbart.

Im Jahr 2002 beschloss die damalige rot-grüne Bundesregierung, Biokraftstoffe in Gänze finanziell zu fördern, um den Verkehr klimafreundlicher zu machen und den Landwirten eine zusätzliche Einnahmequelle als Energiewirt zu bescheren. Die Steuerbefreiung des Rapsöls wurde auf jeglichen Biosprit ausgedehnt. Außerdem wurde es den Mineralölkonzernen erlaubt, ihrem Erdölsprit einen Anteil des somit günstigen Treibstoffs beizumischen. 2004 trat das Gesetz in Kraft – und der Schlamassel begann. Noch im Februar 2004 begannen BP und Shell, ihrem Diesel und Benzin Pflanzenkraftstoff beizumischen. Umgehend stieg die Produktion von 2,2 Millionen Tonnen Agrarkraftstoff im Jahr 2005 auf 4,1 Millionen Tonnen 2006. Der Spaß währte nicht lange, die 4,5 Millionen Tonnen 2007 – das waren 7,2 Prozent an allen Kraftstoffen – bildeten den Höhepunkt. Schon bald gerieten die Kraftstoffe vom Acker in Verdacht, die Lebensmittelpreise in die Höhe zu treiben. Weizen, Roggen und Mais sollten auf den Teller, nicht in den Tank, forderten Umwelt-, Entwicklungsorganisationen und Kirchen. 2006 fiel der Blick des klammen Finanzministers Peer Steinbrück (SPD) auf Biodiesel und Ethanol. Nach heftigem Gezänk fand sich schließlich eine Lösung: Ab 2007 musste auch auf Biosprit wieder Steuern gezahlt werden, dafür wurden Shell und Co. nun gezwungen, ihrem Kraftstoff bis 2010 6,25 Prozent Agrarsprit beizumischen. Danach sollten die Quoten langsam steigen und 2015 acht Prozent erreichen.

Aber auch das kam anders. Denn in den beiden Jahren vor dem Finanzcrash 2008 schossen die Lebensmittelpreise geradezu in die Höhe. In über dreißig Ländern, darunter Ägypten, Indonesien und Haiti, brachen Hungerrevolten aus. Spekulanten und Biokraftstoffindustrie beschuldigten sich gegenseitig, die Schuld an der Tragödie zu tragen. Doch während Hegdefonds und Rohstoffhändler noch immer weitgehend ungeschoren auf Weizen und Mais spekulieren können, machte die Diskussion über »Tank oder Teller« der Kraftstoffbranche zumindest in Deutschland fast den Garaus. 2009 wurden die Quoten schließlich gesenkt, auf nunmehr 6,25 Prozent bis 2014. Seitdem dümpelt die einst künstlich aufgeblasene Branche in Deutschland dahin. Das reine Rapsöl, mit dem der Biokraftstoff einmal seinen Anfang genommen hatte, ist beinahe gänzlich verschwunden, nachdem es steuerpflichtig wurde. Trotzdem: Die Internationale Energieagentur geht davon aus, dass Biomasse in diesem Jahrhundert etwa die Hälfte des Weltenergiebedarfs decken wird – nur ist fraglich, ob Kraftstoffe dabei eine große Rolle spielen werden.

Vor allem die USA und die EU fördern die Nutzung von Biomasse zur Energieerzeugung. In Deutschland bauen die Landwirte immer mehr Mais an, um damit ihre Biogasanlagen zu füllen. Das Erneuerbare-Energien-Gesetz hat die entsprechenden Anlagen lange gepäppelt, nun will die Regierung umsteuern. Dabei sind die Anlagen effizient und im Prinzip nicht schlecht. Schlecht ist aber der flächendeckende Maisanbau für diesen Zweck, etwa in Niedersachsen, Brandenburg und Mecklenburg-Vorpommern. Umweltverbände sprechen von einer »Vermaisung« der Landschaft. Die ursprünglich tropischen Maispflanzen benötigen eine intensive Bewässerung, Düngung und Spritzmittel. Außerdem werden für die lukrativen Energiepflanzen immer mehr Brachflächen bewirtschaftet.

Nun liegt der Wert solcher Flächen im Auge des Betrachters. Für viele Vögel, Insekten und Pflanzen sind Brachen seltene und wichtige Rückzugsorte. Es ist absehbar, dass ihre Zahl dennoch weiter abnehmen wird. Der Biokraftstoffverband hat in einer aktuellen Studie über das weltweite Agrarpotential errechnet, dass sich bis 2030 die Weltgetreideproduktion verdoppeln lässt. Vor allem in den Tropen, in Afrika zum Beispiel, sei die landwirtschaftliche Produktion unterdurchschnittlich und könne zugunsten der Bioenergie gesteigert werden. Genau wie in Brasilien. Wenn dort die Rinder zusammenrückten und somit Weideland zum Zuckerrohranbau frei würde, könnten zwei Drittel des globalen Benzinbedarfs mit Bioethanol gedeckt werden. Außerdem hat der Verband noch bislang ungenutzte Küstenstreifen entdeckt, die sich zum Anbau von Halophyten (salztoleranten Pflanzen) eignen, zudem degeneriertes Weideland. Der Hunger nach Boden ist riesig – und er wird noch größer werden.

Diese Aussichten müssen Landwirte alarmieren, die auf ihrem Boden Nahrungsmittel anbauen wollen und sich die Pacht nicht mehr leisten können. Im Nordosten Brandenburgs hat ein Ökolandwirt zusammen mit Nachbarn inzwischen einen Bodenfonds gegründet, um sich gegen steigende Bodenpreise abzusichern. Er fürchtet, langfristig im Preiskampf mit Energiekonzernen wie Vattenfall oder Kraftstoffproduzenten wie Choren den Kürzeren zu ziehen, die großflächig Land pachten, um darauf Maisfelder oder Holzplantagen zu errichten. Auf diesen Kurzumtriebsplantagen sollen schnell wachsende Bäume wie Pappeln oder Robinien alle sieben Jahre geerntet werden, um danach neu auszuschlagen. Solche Holzplantagen gelten als zukunftsträchtig: Holz steht nicht direkt in Konkurrenz zu Nahrungsmitteln, lässt sich auch auf weniger fruchtbaren Böden anbauen und benötigt Dünger und Spritzmittel nicht in dem Umfang wie Raps oder Mais. Die Preise für Boden – und damit auch für Nahrungsmittel – werden Holzplantagen trotzdem beeinflussen, wenn sie in großem Maßstab errichtet werden.

Wenn die kurze Geschichte des Biosprits eines gezeigt hat, dann dies: Das Problem unserer Energieversorgung lässt sich nicht lösen, indem wir auf eine bestimmte Technik setzen. Jeder neue Stoff, den wir in unserem Alltag massenhaft verwenden, hat mannigfaltige und zum Teil unabsehbare Folgen. Die EU diskutiert derzeit darüber, ob und wie sehr sie den Gebrauch von Biosprit deckelt und wie sie indirekte Landnutzungsänderungen für Soja und Co. in die Bewertung der Kraftstoffe einfließen lässt. Die offizielle Begeisterung für die Biokraftstoffe ist inzwischen verflogen. Die USA wollen im Zuge ihrer Haushaltssanierung auf Subventionen für Agrarsprit verzichten. Und in Deutschland würde sich heute kaum mehr ein Minister aus einem Rapsmobil heraus winkend fotografieren lassen.

Elektroautos allerdings sind noch immer ein hübsches Motiv, obwohl sie seit Dutzenden von Jahren im Entwicklungsstatus feststecken. Das gereicht ihnen insofern zum Vorteil, weil sie, im Gegensatz zum Agrarkraftstoff, noch nicht auf die anforderungsreichen Komplexitäten des Alltags geknallt sind. Die Erwartungen sind gleichwohl groß, auch unter Verfechtern einer Energiewende. Denn in einem System nachhaltig erzeugter Energie könnten Elektroautos zur treibenden Kraft werden.

Handys machen Autos flott

Auch Stoffe unterliegen Moden. Lithium zum Beispiel. Vor zehn Jahren kannten dieses Metall nur Ingenieure, Chemiker und Friedensforscher; heute kann eine halbe Partygesellschaft gepflegt spekulieren, ob es vielleicht knapp werden könnte. Lithium gehört zu den »kritischen Rohstoffen«. Für aussichtsreiche Technologien spielt es eine entscheidende Rolle, die nur schwer anders besetzt werden kann – vor allem dann, wenn es darum geht, Energie zu speichern. Auch politisch ist Lithium bedeutsam, wird an ihm doch erprobt, ob sich der Welthandel gerechter und die Wirtschaft nachhaltiger entwickeln lassen.

Zuerst zur Technik: Das silberweiße Alkalimetall steckt in jedem Mobiltelefon und in jedem Notebook, und zwar in deren Akkus. Wie schon ihr vollständiger Name Lithium-Ionen-Akkumulator verrät, arbeiten Akkus hauptsächlich mit diesem Metall, denn es übertrifft seine Kollegen im Periodensystem bei weitem darin, Energie und Wärme zu leiten und zu speichern. Die Ionen – also die elektrisch geladenen Atome – des Lithiums sind die kleinsten aller Metalle. Das macht es ihnen leicht, im Akku hin und her zu wandern. Dabei nehmen sie elektrische Energie auf und geben sie wieder ab, ohne sich dabei stofflich zu verändern. Lithium wird demnach genutzt, aber nicht verbraucht. Interessant für Kommunikations- und Elektronikgeräte für die Hosen- oder Handtasche wurden die Akkus, weil sie über eine hohe Energiedichte verfügen. Sie machen also nicht so schnell schlapp wie ihre Vorgänger und sind dabei noch viel leichter als etwa Bleiakkus. Zudem leiden sie nicht unter dem sogenannten Memory-Effekt, das heißt, sie können wieder aufgeladen werden, bevor sie sich vollständig entleert haben, ohne Schaden zu nehmen. So wurden die Handy- und Computerakkus immer kleiner und dabei immer leistungsfähiger – dank Lithium.

Weltmarktführer für verschiedene, in der Industrie einsetzbare Verbindungen des Metalls ist die ehemals deutsche Firma Chemetall mit Hauptsitz in Frankfurt. Hervorgegangen aus der traditionsreichen Metallgesellschaft, ist sie heute eine Tochterfirma des US-amerikanischen Chemiekonzerns Rockwood. Lange Zeit hat Chemetall mit seinem Werk in der niedersächsischen Provinz unaufgeregt und weitgehend unauffällig auf dem globalen Markt für Spezialchemikalien mitgemischt. Heute sitzt die Firma mit der Lithiumsparte auf wertvollen Kenntnissen und Kontakten für die Zukunft und plant weit voraus. In verschiedenen Szenarien hat das Unternehmen die Lithiumvorräte im chilenischen Vorkommen Salar de Atacama – dem derzeit das meiste weltweit verkaufte Lithium entstammt – errechnet und kommt zu dem Ergebnis, dass es im schlechtesten Fall noch 271 Jahre reichen wird. Im besten Fall 1293 Jahre. Dabei lehrt das Metall Lithium uns bislang vor allem eines: dass solche Rechnungen wenig sinnvoll sind. Schließlich ist die Rechengrundlage immer nur der technische, soziale und ökonomische Status Quo. Werden für ein Material neue Anwendungsmöglichkeiten entdeckt oder neue Gefahren, die von ihm ausgehen, kann deutlich mehr oder eben weniger von ihm verbraucht werden, als zuvor kalkuliert.

In seinem *Reiseführer zu den Bausteinen der Natur*, in dem der britische Chemiker Peter William Atkins äußerst unterhaltsam ins Reich der Elemente einführt, nennt er Calcium »sehr viel nützlicher als Lithium, und die Natur fand für Calcium bereits lange vor der Zeit Verwendung, in der die Menschen begannen (hauptsächlich in Form von Atombomben), Lithium zu nutzen«.[21] Noch 1995, als sein Lehrbuch in der englischen Ausgabe erschien, kam dem Oxfordprofessor zuerst die Verwendung des Metalls als Teil der Wasserstoffbombe in den Sinn. Zudem wurde es in der Produktion von Glas, Keramik und einigen Schmierfetten eingesetzt; außerdem beruhigen Ärzte manisch-depressive Patienten in ihren manischen Phasen mit Lithiumpräparaten. Sonderlich groß war die Nachfrage nach dem glänzenden Stoff allerdings nicht. Noch vor 25 Jahren war seine steile Karriere nicht abzusehen. Das ist heute anders.

Wer Lithium besitzt, verfügt über eine Goldgrube – und so wird es auch in Fernsehberichten oder Büchern als »das neue, weiße Gold der Anden« beschrieben. Zwar ist Lithium kein seltenes Element, in der Erdkruste kommt es häufiger vor als etwa Blei oder Zinn, doch es ist umtriebig und gesellig. Über den ganzen Erdball ist es verstreut und liegt meist zusammen mit anderen Metallen wie Natrium oder Kalium in geringen Konzentrationen vor. Schon unsere Vorfahren fanden Lithium in Gestein. »Lithos«, griechisch für Stein, gab dem Element auch seinen Namen. Sein Abbau war bislang selten wirtschaftlich. Entweder wird er in Bergwerken abgebaut und aus Mineralgestein gewonnen, oder aus Salaren gewonnen. Das sind Ebenen aus äußerst salzigem Ton, die in der Regenzeit flache Seen bilden, in der Trockenzeit aber zu weißen Salzwüsten vertrocknen.

Auf rund dreizehn Millionen Tonnen schätzt das US Geological Survey (USGS) die weltweiten Reserven. Die größten Vorräte werden im Lithium-Dreieck im Hochland von Bolivien, Chile und Argentinien vermutet. Kein Land exportiert derzeit mehr Lithium als Chile. Ihm folgen, mengenmäßig weit abgeschlagen, China, Australien, Argentinien und Simbabwe. Bolivien steht noch nicht auf der Liste. Nur einige Salzbauern und eine Handvoll Geologen stören hier die Ruhe des riesigen Salar de Uyuni, der den Schatz des bitterarmen Landes hütet. 10 000 Quadratkilometer groß ist der Salzsee, so groß, dass er selbst aus dem Weltall als weißer Fleck sichtbar bleibt. Für Bolivien war es bislang ein Glück, dass die Lithiumvorkommen dort nur schwer zugänglich sind. Sie schwappen, bedeckt von einer meterdicken und steinharten Kruste aus Salz und Ton, gelöst in einer Lauge. Wer sie anzapfen will, muss hoch hinaus: Der Salar liegt im bolivianischen Hochland auf rund 3 600 Metern Höhe in eisiger Kälte und gleichzeitig unter brennender Sonne. Außerdem fehlt Bolivien der Zugang zum Meer und damit zur notwendigen Exportinfrastruktur – Ergebnis seiner spannungsreichen Beziehung zum Nachbarn Chile.[22]

Größtes Hindernis für die Erschließung der Vorkommen aber ist bislang, dass die bolivianische Regierung diese gar nicht erschließen will. Zumindest nicht nach den seit 400 Jahren auch heute gültigen Spielregeln der Weltwirtschaft: Die rohstoffreichen, armen Länder verkaufen ihre Metalle oder Ackerfrüchte für wenig Geld in die Industrieländer. Diese verarbeiten sie und profitieren von dieser Wertschöpfung. Die bolivianische Bevölkerung, vor allem ihr indigener Anteil, hat seit der Kolonisierung im 16. Jahrhundert mit angesehen, wie erst die Silber-, dann die Salpeter- und schließlich die Kupfer- und Ölvorräte des Landes in einem stetigen Strom nach Norden transportiert wurden. Den Bolivianern blieb davon quasi nichts, ihr Land ist heute das ärmste Lateinamerikas.

Doch das soll so nicht bleiben, wenn es nach seinem Regierungschef Evo Morales geht. Der ehemalige Gewerkschaftsführer der Kokabauern, der selbst der indigenen Bevölkerung entstammt, hat für das Gold der nächsten hundert Jahre eine ebenso naheliegende wie bahnbrechend neue Idee entwickelt: Wenn es die Basis für eine neue Hightechindustrie ist, dann soll diese Industrie auch in Bolivien entstehen. Keine internationalen Rohstoffkonzerne werden das Metall bergen und verhökern, nicht die Arbeiter in den Industrieländern Akkus daraus herstellen. Zwar fehlt dem Land dafür eigentlich alles – Knowhow, Infrastruktur, Arbeitskräfte –, aber der Wille ist groß: Die Wertschöpfung soll im Land bleiben.

In Europa zeigte man sich konsterniert. Der Bundesverband der deutschen Industrie (BDI) bimmelt seit einigen Jahren sehr erfolgreich eine Alarmglocke, die auf Versorgungsengpässe der Unternehmen aufmerksam machen soll. Tenor ist, dass die Politik für eine Öffnung der Märkte sorgen müsse, um einen ungehinderten Zugang zu Rohstoffen wie knappe Seltenerdmetalle oder aber Stahl, der nur von wenigen Konzernen angeboten wird, sicherzustellen. Im Fokus stehen dabei meist China, aber auch Länder in Afrika und Lateinamerika. Inzwischen haben sowohl die EU-Kommission als auch die Bundesregierung verschiedene Rohstoff-, Länder- und Entwicklungsstrategien herausgegeben, in denen sie sowohl Stoffe mit problematischen Knappheiten als auch Lösungsmöglichkeiten benennen. Vorgesehen ist ein Zusammenspiel von multilateralen Ansätzen (wie Regelungen auf Ebene der WTO) und bilateralen Maßnahmen (wie etwa Rohstoffpartnerschaften).

Ein wesentlicher Teil der Konzepte sind zudem Ressourceneffizienz und Recycling. Ohne die effiziente und mehrmalige Nutzung wird es künftig nicht mehr gehen, das haben die Regierungen in den Industriestaaten verstanden. Zumindest auf dem Papier. Denn de facto vergammeln die wertvollen Metalle in Computern und Mobiltelefonen im besten Falle in den Schubladen ihrer Besitzer, wenn sie durch neue Modelle ersetzt wurden; im schlechteren Fall verbrennen sie in Müllverbrennungsanlagen oder werden massenhaft illegal nach Afrika geschmuggelt, um dort Siedlungen zu verseuchen. Die Elektrogeräte werden – oft von Kindern – ohne Schutzvorrichtungen auseinandergebaut. Giftige Bestandteile, wie Quecksilber, Blei oder Antimontrioxid, werden einfach beiseitegelegt, gelangen in Böden und Gewässer. Kriminelle Banden verdienen an diesem Geschäft.

Das Recycling der Geräte ist anspruchsvoll, weil die Technologien so vielfältig sind – Lithium etwa wird in verschiedensten Legierungen benutzt, zusammen mit Aluminium, Eisen oder Polymeren. Trotzdem steht einer Wiederverwertung technisch nichts im Wege, es war bislang einfach nur teurer, als den Stoff neu zu kaufen. In den kleinen Handyakkus kommen die verwendeten Metalle zudem nur in kleinsten Mengen vor. Im Akku eines einzigen Elektroautos hingegen werden mehrere Kilogramm Lithium verbaut. Sowohl in Europa als auch in den USA werden deshalb Forschungsprojekte zum Recycling der Batterien vorangetrieben, denn hier wie dort wird mit einem sprunghaften Ausbau der Elektromobilität in den nächsten zwanzig Jahren gerechnet. Lithiumhersteller Chemetall rechnet ab 2020 mit jährlich zwischen 600 000 bis zu sechs Millionen neuen Elektroautos.

Der nationale Entwicklungsplan Elektromobilität sieht vor, dass in Deutschland 2020 eine Million Elektroautos auf den Straßen fahren, zehn Jahre später sollen es sechs Millionen sein. Von Branchenkennern wird allerdings bezweifelt, dass dieses Ziel erreichbar ist. Noch immer surren hierzulande nur wenige tausend Elektroautos, trotz politischer Initiativen. Noch immer sind die Batterien zu schwer, zu teuer und ihre Reichweite ist zu gering; darum zeigen die Verbraucher nur wenig Interesse. Trotzdem – auch die US-Regierung und China hegen ambitionierte Pläne. Jahrelang hatten sich nur noch wenige Enthusiasten ernsthaft mit dem Elektroauto beschäftigt. Schon einmal, gegen Ende des 19. Jahrhunderts, hatte es den Wettbewerb mit dem Verbrennungsmotor verloren und war in Vergessenheit geraten. Hundert Jahre später nun stellen die Autohersteller immer mal wieder Prototypen vor (und inzwischen erste sündhaft teure Serienmodelle), die mit Strom aus der Steckdose angetrieben werden – auch wenn die Ingenieure in der vom Beschleunigungsrausch erfassten Autoindustrie ihre Energie nur äußerst ungern auf leise und langsame Fahrzeuge richten.

Mitte der neunziger Jahre hatte es noch einen großangelegten und staatlich geförderten Pilotversuch für Elektroautos auf Rügen gegeben. Nach drei Jahren stand fest, dass sie im Schnitt ein Viertel mehr Energie verbraucht hatten als ihre Konkurrenten mit Verbrennungsmotor, mehr Methan, Schwefel und Kohlendioxid emittierten sie auch, zudem waren ihre Batterien zu teuer und zu schwer. Forschung und Entwicklung wurden nahezu eingestellt, das E-Mobil fuhr ins Schattendasein.

Nun kehrt es zurück ins Licht. Erstens, weil die Endlichkeit des Erdöls und der Klimawandel fassbarer geworden sind. Zweitens, weil sich mit der Weiterentwicklung der Speichertechnologie in Handys und mobilen Computern technische Möglichkeiten auftun, die Schwächen des Elektroautos zu überwinden. Batterien sind nicht mehr riesig, teuer und schwer. Die neuen Lithium-Ionen-Akkus – die inzwischen auch schon wieder weiterentwickelt und mit Nanotechnik getunt werden – könnten die Elektroautos alltagstauglich machen.

Steckdose statt Tankstelle – das klingt verlockend. Mit einem Schlag wären die verdreckten Innenstädte ihr Feinstaub- und Lärmproblem los. Auch Verkehrs- und Klimaforscher sehen in Elektrofahrzeugen ein Teil der Lösung des Energie- problems. Nun ist es aber wenig sinnvoll, Batteriefahrzeuge mit Strom aus Kohle- oder Kernkraftwerken zu laden. Nur mit Strom aus Sonne, Wind und Wasser haben sie eine positivere Klimabilanz als Autos mit Verbrennungsmotoren. Für ihre Ver- sorgung müssten also zusätzliche Windräder und Solaranla- gen installiert werden. Einen Anteil von knapp einem Viertel hatten die erneuerbaren Energien 2011 am gesamten Strom- verbrauch in Deutschland. Nimmt man jedoch den Verbrauch von Kraftstoff und Wärme hinzu, erreichen Wind, Sonne und Biomasse an der gesamten Energieerzeugung nur noch zwölf Prozent. Ziel einer ökologischen Elektromobilität muss es sein, den Anteil der Erneuerbaren insgesamt zu erhöhen.

Die Wendung »Ausbau der Erneuerbaren Energien« ist aller- dings unglücklich gewählt. Sie täuscht vor, dass in dem System der Energieversorgung einfach die Zahl der fossilen Kraft- werke sinkt, während die Zahl der Anlagen zunimmt, die ihre Energie aus Wind, Sonne, Wasserkraft und so weiter gewin- nen. Doch so einfach ist es nicht. Erneuerbare Energien benöti- gen ein anderes Stromnetz und andere Nutzungsgewohnhei- ten als fossile Kraftwerke. Kohle- und Kernkraftwerke sind (wenn sie nicht gerade explodieren) berechenbar und liefern konstant eine bestimmte Menge Strom. Auf dieser Konstanz beruht das komplizierte System unserer Stromversorgung: das

Netz, die Regelmechanismen, die Angebot und Nachfrage in Einklang bringen, und die Preisbildung. Konstante Strommengen liefern Wind und Sonne hingegen nicht.

Dass mit den großen Offshore-Windanlagen in der Nordsee und den Solarprojekten in der afrikanischen Wüste neue, große Überlandleitungen notwendig werden, hat sich inzwischen herumgesprochen. Doch auch die Verteilnetze auf regionaler Ebene und die stromverbrauchenden Elektrogeräte sind mit dem schnellen Ausbau der Erneuerbaren häufig überfordert. Wie die Kandidatenbeschreibung in einer Stellenanzeige lesen sich die Herausforderungen, vor denen sie stehen: Flexibel sollen sie sein, kommunikativ und in alle Richtungen offen. Sie sollen Strom nicht nur zum Verbraucher transportieren, sondern auch zum Erzeuger, weil viel mehr Strom dezentral erzeugt und die klare Trennung zwischen Produzent und Nutzer damit aufgehoben wird. Waschmaschine oder Kühlschrank wiederum sollen erkennen, wann gerade viel Strom zur Verfügung steht und ihn bevorzugt dann nutzen.

In diesem flexiblen Netz mit seinem fluktuierenden Angebot an Strom übernehmen die Elektroautos einen entscheidenden Part. Miteinander vernetzt könnten sie Unregelmäßigkeiten im Stromnetz ausgleichen.[23] Die Autobatterien, angeschlossen an das örtliche Stromnetz (das ausgebaut und mit modernen Kommunikationstechnologien versehen, also: »intelligent« gemacht werden müsste), würden zusammen eine Art Stromspeicher bilden. Das ist Zukunftsmusik, die erst ganz leise anklingt. Damit die Mobilität aus der Steckdose Luft, Wasser und Boden wirklich mit weniger Schadstoffen belastet als ihr fossiler und pflanzlicher Vorgänger, ist ihre Integration in eine nachhaltige Energieversorgung notwendig. Werden lediglich die technisch überladenen, viel zu schnellen Autos von heute mit Akkumulatoren versehen und diese dann an den Kohlekraftwerken von RWE und den Atomkraftwerken der Électricité de France aufgeladen, ist die Abhängigkeit vom Erdöl überwunden, aber sonst nicht viel gewonnen.

Nicht selten, aber knapp

Die Zukunft des Energiesystems liegt bei den Erneuerbaren. Damit Wind, Sonne und Wasser stetig neue Energie erzeugen können, sind sie jedoch auf nicht erneuerbare Materialien angewiesen: Windräder, Solarzellen, Turbinen sind komplexe Maschinen, montiert aus einer Vielzahl unterschiedlicher Polymere und Metalle. Ein wichtiger Bestandteil sind Seltenerdmetalle. Ihren extravaganten, zuweilen irreführenden Namen haben sie erhalten, weil sie in Mineralien, Metalloxiden und Metallphosphaten, die früher auch als »Erden« bezeichnet wurden, vorliegen. Sie sind zwar gar nicht so selten in Bezug auf die Lagerstätten – einige von ihnen kommen insgesamt häufiger in der Erdkruste vor als Silber oder Blei –, oft werden sie jedoch nur in winzigen Konzentrationen gefunden.

Siebzehn Seltenerdmetalle sind bekannt: Yttrium, Gadolinium, Terbium, Dysprosium, Holmium, Erbium, Thulium, Ytterbium, Lutetium, Scandium, Lanthan, Cer, Praseodym, Neodym, Promethium, Samarium und Europium. Alle siebzehn sind sich sehr ähnlich. Sie kommen nicht nur stets gemeinsam vor, sondern werden oft auch gemeinsam gehandelt, als Mischmetalle oder Seltenerdoxide. Enthalten sind sie in Mineralien, Monaziten oder Bastnäsiten. Geschliffen können Bastnäsite aussehen wie Bernstein: Außen sind sie wachsgelb, weißlich, auch rot. Monazite sind olivgrün, gelblich, orange oder dunkelrot. Viele sind durchscheinend, ihr Glanz ist in der Regel matt. Sie bestehen nicht nur aus den Seltenen Erden; radioaktives Thoriumdioxid kann bis zu 20 Prozent ihres Gewichts ausmachen, Uranoxid bis zu einem Prozent. Der

Abbau der Metalle setzt also immer auch radioaktives Material frei.

Die größten Lagerstätten der Mineralien liegen in China, Kalifornien, Russland, Australien und Brasilien. Gerne lagern sich Monazitsande an Flussufern oder Meeresküsten ab, zum Beispiel in Indien. Weit verteilt über den ganzen Erdball sind die Seltenen Erden – und doch seit einigen Jahren ein Symbol für das Rohstoffmonopol eines Staates: China produziert 97 Prozent aller Seltenen Erden, das Riesenreich versorgt quasi die ganze Welt. Die benötigt das Pulver, als das die Mischmetalle gehandelt werden, dringend: Motoren und Generatoren von Windrädern, Elektroautos und Hybridfahrzeugen, Festplatten, Kernspintomografen und magnetische Kühlanlagen brauchen sie genauso wie Plasmabildschirme, Laser, Energiesparlampen, Autokatalysatoren und Brennstoffzellen. In allem, was nach Hightech und grüner Zukunftstechnologie klingt, sind garantiert Seltene Erden enthalten. Aus ihnen lassen sich zum Beispiel äußerst starke Magneten herstellen, die auch bei hohen Temperaturen funktionstüchtig bleiben. Magneten sind ein Grundbaustein für Generatoren, die mechanische Energie in Strom umwandeln können – etwa in Windrädern.

Zwar wird daran gearbeitet, Seltene Erden durch andere Metalle oder Verfahren zu ersetzen – bislang ist das aber noch nicht in befriedigender Weise gelungen. Wie konnte ihre Herstellung dann ausschließlich nach China wandern? Noch vor gut zehn Jahren waren die Vereinigten Staaten einer der großen Produzenten, sie stellten lange Jahrzehnte etwa die Hälfte der Weltjahresproduktion zur Verfügung. Der Rest des Angebots verteilte sich auf verschiedene andere Staaten. Anfang der siebziger Jahre stieg China in das Geschäft ein, gründete Bergwerke und Hüttenbetriebe. Die Umweltstandards waren lascher und die Arbeitskosten deutlich niedriger als in den USA und den anderen Ländern. China unterbot deren Preise. Immer mehr Minen gaben auf, 2002 auch die größte amerikanische, Mountain Pass in Kalifornien.

Inzwischen besitzen die chinesischen Experten eine weltweit fast einzigartige Expertise darin, die Seltenerdmineralien abzubauen und aus ihnen das begehrte Neodym, Yttrium oder Cer zu gewinnen. Das ist nämlich gar nicht so einfach. Die Elemente ähneln einander so stark, dass sie lange Zeit überhaupt nicht voneinander zu trennen waren. Heute gelingt das, ist aber immer noch äußerst aufwändig. Die Mineralien werden hoch erhitzt und mit Salz-, Schwefelsäure oder anderen aggressiven Chemikalien dazu gebracht, sich zu separieren. Das hat Folgen für die Umwelt, die man in Bayan Obo in der Inneren Mongolei – einem autonomen Gebiet im Norden Chinas – besichtigen kann. In der größten Erzmine der Welt wird Eisen abgebaut und mit ihm die Seltenerdmetalle. Das bringt nicht nur giftige Chemikalien mit sich, die sich rundherum in den Böden, dem Grundwasser und der Luft allesamt wiederfinden. Die Gegend ist zudem auch intensiv radioaktiv verseucht. Die Verschmutzung der Riesenmine ist bedrückend. Doch es geht noch schlimmer.

Die Deutsche Rohstoffagentur, eine gegründete Einrichtung des Wirtschaftsministeriums, schätzt, dass etwa die Hälfte der angebotenen Seltenerdenoxide illegal erzeugt wurde. Sie werden in Minen abgebaut und verarbeitet, wo es nicht einmal mangelhafte Umwelt- und Sozialstandards gibt, sondern gar keine. Hochgiftige, radioaktive Abwässer gelangen in Stauseen, die der Bevölkerung als Trinkwasserspeicher dienen. Begünstigt wird die illegale Produktion zum einen von der hohen Korruption und der Parteiherrschaft in China. Zum anderen treiben die rasant steigenden Preise auf dem Weltmarkt und Exportbeschränkungen Pekings den kriminellen Bergbau an. Denn die chinesische Regierung wacht sorgsam über ihren Schatz: Sie reglementiert die Ausfuhr von Seltenen Erden, setzt phasenweise ihren Export aus und belegt sie mit Ausfuhrsteuern. Der Rest der Welt beäugt das Treiben misstrauisch, genährt von Vorfällen wie dem Seltenerdenboykott, den China 2010 gegen Japan verhängte. Ein japanischer Fischkutter hatte sich in einem Gewässer aufgehalten, um das sich die beiden Nationen streiten, und China nutzte sein Monopol auf den Rohstoff dreist für politische Zwecke. Inzwischen beschäftigt sich in der Welthandelsorganisation WTO nach Klagen der USA, Japans und der EU ein eigener Ausschuss mit dem Handel der begehrten Mineralien.

China verfolgt mit seiner Politik ansonsten legitime Ziele. So hat die Regierung die Umweltstandards für den Abbau von Seltenen Erden erhöht. Chemikalien aus den Produktionsprozessen dürfen nicht mehr in einfachen Auffangbecken gelagert werden, verseuchtes Wasser oder Abgase müssen gefiltert werden. Außerdem wurden die Produktionsmengen gesenkt. All das treibt die Preise ebenfalls in die Höhe und die Unternehmen in Europa, Japan und den USA in die Verzweiflung. Vor allem, weil Peking sie dazu drängt, Produktionsstätten nach China zu verlagern. Dort werden sie stets ausreichend mit den begehrten Metallen versorgt und unterliegen nicht den für ausländische Kunden geltenden Restriktionen. Für Unternehmen außerhalb Chinas ist die Perspektive so düster wie realistisch, in absehbarer Zeit ohne Seltene Erden dazustehen. Es ist erklärte Strategie Chinas, nicht nur die Rohstoffgewinnung, sondern auch die nachgelagerte Industrie vor Ort zu entwickeln. Exportiert werden dann keine Seltenen Erden, sondern Generatoren – oder gleich das ganze Windrad. China wird für diese Strategie heftig kritisiert.

Doch die Industrie der ganzen Welt hat jahrelang von den niedrigen Preisen der Rohstoffe profitiert und sich an der grässlichen Umweltverschmutzung vor Ort dabei nicht weiter gestört. Verseuchte Landstriche in Nordchina sind weit weg und vor den Augen der Öffentlichkeit durch die autoritären Strukturen im Land gut verborgen. Weder die Entwickler noch die Kunden grüner Technologien sind durch Proteste gegen diese Zustände aufgefallen. Zudem haben sie es versäumt, die begehrten Rohstoffe im eigenen Land zu sichern. Europa als einer der großen Importeure Seltener Erden besitzt inzwischen nämlich riesige eigene Vorkommen – in den hergestellten und verkauften Produkten. Ein Recycling gibt es aber nicht ansatzweise. Die Mengen in den einzelnen Geräten sind zu klein, als dass sich ihre Rückgewinnung finanziell lohnen würde. Darum müssen die Recyclingunternehmen Knowhow und die nötige Technik erst aufbauen. Obwohl die EU ihren Mitgliedsländern hohe Recyclingraten vorschreibt und sich Deutschland regelmäßig zum Recyclingweltmeister kürt – bei den knappen Metallen, wie den Seltenen Erden, liegen die Recyclingquoten bei unter einem Prozent.

Das Öko-Institut in Freiburg schlägt in einer Studie für die Grünen im Europaparlament vor, ein europäisches Expertennetzwerk für Seltene Erden einzurichten, um überhaupt erst einmal notwendige Kompetenzen aufzubauen. Die EU-Kommission hingegen liebäugelt damit, Vorratslager für Seltene Erden einzurichten. Damit sollen mögliche Lieferstopps, aber auch extreme Preissprünge wenigstens eine Zeitlang abgefedert werden. Flächendeckend fordern Experten, die anderen Minen, etwa in den USA oder Australien, schnellstmöglich wieder zu erschließen.

Das erweist sich allerdings als schwierig. In Malaysia kämpft der australische Rohstoffkonzern Lynas etwa mit Protesten der Bevölkerung gegen die Seltenerden-Fabrik, die sie in Gebeng, rund 200 Kilometer von der Hauptstadt Kuala Lumpur entfernt, errichten will. Verarbeitet werden sollen Mineralien aus Australien – angeblich, um einen direkten Zugang zu den asiatischen Märkten zu erhalten. In der Branche wird jedoch gelästert, man habe in Malaysia mit weniger Widerstand gegen den radioaktiven Dreck der Fabrik gerechnet als in Australien mit seiner kritischen Zivilgesellschaft. Doch auch die Einwohner von Gebeng sind gut vernetzt, informiert und hartnäckig und überziehen Lynas mit Klagen, um die Fabrik zu verhindern. Schnellstmöglich bedeutet hier also einen Zeithorizont von einigen Jahren, denn auch die Infrastruktur ist, wie gesagt, aufwändig. In einigen Minen soll die Förderung aber bald wieder beginnen. Vereinzelt werden Rufe nach niedrigeren Umweltstandards auch in westlichen Abbaugebieten laut, um den Prozess zu beschleunigen. Das erinnert an den Umgang mit den letzten Ölreserven in der Tiefsee oder im Urwald Kanadas: Wenn es wirklich knapp und teuer wird, müssen Natur, Gesundheit und Klima dran glauben.

Der Gedanke ist jedoch absurd, dass grüne Zukunftstechnologien wie Wind- und Sonnenkraft auf Metallen beruhen sollen, die mit der Produktionsweise von Vorgestern gewonnen werden. Grüne Energien sind nur dann grün, wenn auch die Technik zu ihrer Erzeugung vom Anfang bis zum Ende nachhaltig gestaltet und betrieben wird. Noch viel zu oft liegt der Anfang in einem Bergwerk und das Ende auf einer Müllkippe. Ein wirklich nachhaltiges Energie- und Verkehrskonzept denkt diese Geschichten mit.

Wenn Menschen zum ersten Mal ein Auto kaufen, beschreiben sie den Wagen als Luxusprodukt, das sie sich gönnen, auf das sie aber auch wieder verzichten können. Verkehrspsychologen haben beobachtet, dass dieses Gefühl der freien Entscheidung beim zweiten Kauf – mit dem das erste Fahrzeug ersetzt wird – nicht mehr besteht. Der Mensch ist zum Autofahrer geworden, der sich als auf sein Fahrzeug angewiesen empfindet. Um den Verkehr für Mensch und Natur erträglich zu gestalten, gilt es, diese Abhängigkeit zu überwinden.[24]

Konzepte dafür sind fertig, sie liegen in den Schubladen von Verkehrswissenschaftlern und Umweltverbänden: Die sichere und angenehme Fortbewegung von Fahrradfahrern und Fußgängern haben in den Städten künftig Vorrang. Busse und Bahnen fahren häufig und zu günstigen Preisen. Sie nutzen Kommunikationstechnologien, damit sich mögliche Passagiere Ankunft und Abfahrt zeitnah an der Haltestelle aufs Handy laden können. Natürlich lassen sich auch Fahrkarten ganz einfach per Handy bezahlen. Und an den Bahnhöfen stehen Ladestationen für Elektrofahrräder bereit. Die Städte werden so geplant und gebaut, dass lange Wege zwischen Wohnen, Arbeiten und Einkaufen überflüssig werden. Wer doch pendeln muss, rauscht auf E-Bikes über gut ausgebaute Fahrradhighways bis zur Arbeit – und kann dort schnell unter eine bereitstehende Dusche hüpfen, wenn es mal sein muss.

Nachhaltige Mobilität besteht aus einem komplexen Geflecht aus technischen Erfindungen, aus einer klugen Stadtplanung und in verschiedenen Bereichen einem Wandel des Verhaltens. Der ist nicht so unmöglich, wie es scheint. In Studien zu Wertvorstellungen und Vorlieben von Jugendlichen – aktuell zum Beispiel von der Fachhochschule Bergisch-Gladbach – zeigen diese seit neuestem ein erstaunlich pragmatisches Verhältnis zum Automobil. Das soll ihnen weniger Status, Selbstbewusstsein und Freude am Fahren liefern – sondern sie einfach sicher, schnell und billig von A nach B bringen. Mobilität statt automobiler Lebensstil – bei so viel Nüchternheit lässt sich doch ansetzen.

6 Die Welt im Kleinen – warum wir andere Handys brauchen

Pünktlich würden sie es zum Abendessen nicht mehr schaffen. Sowieso schon zu spät losgefahren, mussten sie noch einmal umkehren, weil sie Blumen und Wein vergessen hatten. »Ich ruf kurz an und sag Bescheid«, seufzt die Beifahrerin. Schon praktisch, so ein Handy. Über 115 Millionen Mobilfunkverträge haben die Deutschen derzeit abgeschlossen, 1,4 Verträge pro Einwohner. 2008 gab es sechs Milliarden Mobiltelefone weltweit, allein im ersten Quartal 2013 wurden laut der Beratungsfirma IDC weltweit 418 Millionen Handys verkauft – wobei Smartphones eine immer größere Rolle spielen. Die lustigen kleinen Telefone zum Aufklappen haben sie so gut wie vom Markt verdrängt. Und dieser Markt ist riesig: Allein die Verkaufsumsätze der Geräte liegen bei über 100 Milliarden Dollar im Jahr. Im Grunde kann jeder überall telefonieren, kaum jemand braucht noch Telefonzellen: Ihre Zahl sinkt rasant, 50 000 Fernsprecher warten heute in Deutschland auf Anrufer, 1998 zählte die Bundesnetzagentur noch 148 000.

Kaum ein Gegenstand hat unseren Alltag und unsere Kommunikationsgewohnheiten in kurzer Zeit so stark verändert wie das Mobiltelefon. Waren Handys anfangs klotzige Kästen, die in schweren Lederkoffern herumgeschleppt werden mussten, wiegen sie heute zwischen 100 und 110 Gramm. Und sie enthalten weit über zwanzig Elemente des Periodensystems. Metalle, Halbmetalle und Seltenerdmetalle leiten und speichern effizient Energie und Daten, zusammengehalten von den organischen Polymeren der Kunststoffhülle. Die kleinen, oft zerkratzten Geräte sind Meisterwerke der Ingenieurskunst, in denen winzige Mengen der verschiedenen Stoffe unglaubliche Rechenleistungen ermöglichen. Unter Jugendlichen gelten Handys in ihrer neueren Version als Smartphone heute schon eher als Statussymbol als Autos. Wahrscheinlich schaffen es diese technischen Tausendsassas sogar, die meisten Erdenbürgerinnen und -bürger innerhalb einer Generation zu alphabetisieren und im Hand(y)umdrehen den Traum vieler Missionarsgenerationen zu verwirklichen. Welch ein Nebeneffekt eines Geräts, das drauf und dran ist, binnen zwanzig Jahren Technik- und Zivilisationsgeschichte zu prägen. Nicht nur Technikfreaks streben an, stets das neuste Modell zu besitzen – im Schnitt wird ein Handy nach achtzehn bis 24 Monaten ersetzt. Ein Vertragssystem der Mobilfunkanbieter, das den regelmäßigen Austausch der Geräte vorsieht, tut ein Übriges. Rund 85,5 Millionen Handys horten die Deutschen laut der Branchenvereinigung Bitkom zu Hause, in der Schweiz sind es geschätzte acht Millionen.

Rein statistisch haben auch die gehetzten Stuttgarter noch einige in ihren Schubladen herumliegen. Mit etwas Glück bringen sie die Telefone irgendwann zum kommunalen Wertstoffhof, um sie dort zur Wiederverwertung abzugeben. Viel wahrscheinlicher aber ist, dass die alten Dinger beim nächsten Frühjahrsputz in die Mülltonne fliegen – wie 60 Prozent aller Handys in Deutschland. Danach gehen sie in einer Müllverbrennungsanlage in Flammen auf. Gold, Silber und Kupfer werden vielleicht noch aus der Schlacke gefischt, doch der wertvolle Rest geht für immer verloren.

Reichtum, der arm macht

Regelmäßig verleiht die amerikanische Umweltorganisation Blacksmith Institute in New York ein Prädikat der traurigen Art: Sie kürt besonders verschmutzte Orte. 2006 und 2007 gewann Norilsk den Preis als einer der zehn dreckigsten Orte der Welt. Die Stadt im Nordosten Russlands ist so verseucht, dass Menschen dort im Grunde nicht leben können. Schwefeldioxid und Schwefelwasserstoff verpesten neben anderen Gasen die Luft mit ihrem stechenden Geruch. Schwefeldioxid hat früher auch das Ruhrgebiet vergiftet und ist ein farbloses Gas, das unter anderem für den sauren Regen verantwortlich ist. Schwefelwasserstoff sorgt für den Gestank fauler Eier und ist ebenfalls hochgiftig. Schwermetalle wie Nickel, Kupfer, Cobalt, Blei und Selen haben sich im weiten Umkreis von Norilsk hochkonzentriert in Boden und Gewässern angereichert. Als Spurenelemente sind sie für Menschen, Tiere und Pflanzen lebensnotwendig. Doch schon ein bisschen mehr als genug von ihnen macht die Metalle überaus giftig. In der sibirischen Stadt, die 1935 als Straflager für Zwangsarbeiter gegründet wurde, färbt Ruß den Schnee schwarz. Die rund 200 000 Bewohner, besonders die Kinder, leiden unter Atemwegserkrankungen und Lungenkrebs, die Lebenserwartung ist deutlich niedriger als im Rest Russlands. Die Stadt Norilsk ist die größte des nördlichen Polarkreises, und auch ohne die Umweltverschmutzung gibt es wohl lindere Gegenden auf der Welt. Aber sie ist erbaut auf einem riesigen Schatz, den ihre Bewohner seit Jahrzehnten bergen: Nickel, Kupfer, Palladium und Platin.

Wenn in Spanien etwas ganz schön teuer ist, dann heißt es: »Cuesta mucha plata.« Wer sehr reich ist, besitzt »mucha plata«, und wer Sachen beim rechten Namen nennt, der spricht »en plata«. »Plata« – Silber – ist im Spanischen sprichwörtlich. Unmengen davon schafften die Spanier von Lateinamerika auf die Iberische Halbinsel, um damit die Schatzkammern der Königinnen und Könige zu füllen. Aber da war noch ein zweites, viel selteneres, silbergraues Metall, mit dem sich nichts anstellen ließ, weil es so hart war und sich nicht schmelzen ließ. Die Spanier nannten es kleines, wertloses Silber: »platina«. Als die

Kolonialherren das Platin im 18. Jahrhundert in Kolumbien fanden, schmissen sie es ins Meer. Eine Zeitlang war es in Spanien sogar verboten, mit Platin zu handeln, weil Betrüger wertvolles Gold damit streckten. Das Wissen der Ägypter, die Platin schon vor Tausenden von Jahren verarbeiten konnten, war längst verlorengegangen. Und die Kenntnisse der Inkas, die mit dem harten Stoff ebenfalls umzugehen wussten, eigneten sich die Kolonisatoren nicht an.

Sehr hohe Temperaturen von über 1 700 Grad Celsius sind nötig, um Platin einzuschmelzen. Gold wird bei knapp über 1 000 Grad flüssig, Silber schon bei 961 Grad. Im Gegensatz zu den beiden Münzmetallen lässt sich Platin auch nicht einfach hämmern und walzen, dazu ist es zu hart und zu spröde. Schon in der Renaissance hatte der italienische Gelehrte Julius Caesar Scaliger mit Platin experimentiert und sich über das Metall geärgert, das sich allen Versuchen der Legierung oder des Einschmelzens widersetzte. Inzwischen haben Juweliere und Uhrmacher es gelernt, das Edelmetall zu bearbeiten. Es glänzt matt, zerkratzt kaum und erinnert den Träger stetig daran, dass er etwas ganz Besonderes trägt: Platin ist viel schwerer als andere Schmuckmetalle.

Die meisten Platinbesitzer wissen allerdings gar nichts von ihrem edlen Begleiter, findet es sich doch tief verborgen im Inneren ihres Fahrzeugs: als dünne, wirksame Schicht auf der Katalysatorwabe. Die Autoindustrie verbraucht weltweit am meisten Platin, fast die Hälfte der produzierten Menge. Platin ist ein effektiver Katalysator, weil es viele Gase binden oder verändern kann. Treffen Wasserstoff und Sauerstoff auf das Element, reagieren sie mit einem lauten Knall zu Wasser. Platin ist auch dort ein hervorragender Katalysator, wo es feucht wird oder heiß. Das macht es zum idealen Werkstoff für Autokatalysatoren. Aus den Abgasen, die bei der Verbrennung im Automotor entstehen, katalysiert das Metall die Umwandlung von

Kohlenstoffmonoxid und nicht verbrannten Kohlenwasserstoffen zuverlässig in ungefährliches Kohlenstoffdioxid, Stickstoff und Wasser.

Rund 250 Tonnen im Jahr bauen die Autofirmen jährlich in ihre Fahrzeuge ein, angesichts des seltenen Vorkommens und der Schwere des Metalls eine riesige Menge. Seit 1999 übersteigt die jährliche Nachfrage das Angebot von Platin, denn das Metall kann mehr als Abgase reinigen. Kaum eine der zukunftsträchtigen Technologien kommt ohne Platinmetalle aus. Es steckt in modernen LCD-Bildschirmen, die auf Flüssigkristalltechnik beruhen (LCD bedeutet »liquid crystal display«), in Festplatten und in besonders hartem Glas. Außerdem setzen Ärzte Platinsalze im Rahmen von Chemotherapien zum Beispiel bei Gebärmutter-, Brust- und Hodenkrebs ein. Medikamente auf dieser Basis hemmen die Zellteilung in Tumoren, indem sie die Replikation der DNA stören.

In der Natur tritt Platin immer zusammen mit seiner Sippschaft auf. In Statistiken oder Berichten über die Verfügbarkeit von Metallen werden die Platinmetalle darum meist zu einer Gruppe zusammengefasst, den PGM (Platinum Group Metals). Dazu gehören neben dem Namensgeber auch Palladium, Rhodium, Ruthenium, Iridium und Osmium. Sie teilen Eigenschaften wie besondere Härte und ihre Lässigkeit gegenüber Hitze, Kratzern oder Säuren (nur Königswasser, eine Mischung aus Salz- und Salpetersäure, kann ihnen zu Leibe rücken). Doch gehen die Platinmetalle auch jeweils eigene Wege. Palladium ist in Benzinmotoren ein ebenso guter Katalysator wie Platin, aber billiger. In den LCDs findet sich Rhodium. Das äußerst korrosionsbeständige Iridium lieferte das Material für den Urmeter und das Urkilogramm, die im Pariser Bureau International des Poids et Mesures lagern. Platin und Ruthenium sind Bestandteile von Farbstoffsolarzellen, in der auch Titandioxid-Nanopartikel zum Einsatz kommen. Auch in den Leiterplatten von Mobiltelefonen oder Computern stecken Platin und Palladium. Immer neue Anwendungen entdeckt die Industrie für die seltenen Metalle.

Sollte die Zahl der Autos, die mit Akkus oder Brennstoffzellen angetrieben werden, zunehmen, wird das die Nachfrage nach Platinmetallen nochmals antreiben, denn auch diese technischen Errungenschaften sind auf die Edelmetalle angewiesen. Länder, die über Platinvorkommen verfügen, sitzen also wahrlich auf Goldgruben. Sie gehören zu einem exklusiven Club. Auf 66 Millionen Tonnen schätzt das USGS die weltweiten Reserven an Platinmetallen, davon liegen rund 63 Millionen Tonnen in Südafrika. 460 mal 245 Kilometer misst der Bushveld-Komplex in Transvaal, er ist neun Kilometer tief und umfasst ein Volumen von 100 000 Quadratkilometern. Unvorstellbare Mengen an Metallen, darunter Chrom, Kupfer, Vanadium und Platinmetalle, liegen in diesem Flecken Erde. Nennenswerte Vorkommen gibt es sonst nur noch in Russland und, mit großem Abstand, in Simbabwe.

Platinmetalle sind Kuppelprodukte, also für die Minenbetreiber nur Beiwerk. Sie kommen in Verbindung mit anderen Metallen wie Kupfer, Nickel oder Gold vor. Vermutlich handelt es sich bei Platin übrigens um einen Außerirdischen, gelangte es doch wahrscheinlich durch den heftigen Meteoriteneinschlag vor rund 65 Millionen Jahren auf die Erde, der den Himmel verdunkelte und die Dinosaurier aussterben ließ. Heute werden die Metalle nicht einfach aus der Erde gebaggert, sondern ähnlich den Seltenen Erden in chemischen Prozessen gewonnen. Die Ausbeute ist gering: Für fünf Gramm Platin müssen 10 000 Kilogramm Erz gebrochen, zermahlen und chemisch aufgeschlossen werden. Deswegen hat das Edelmetall eine schlechte Klimabilanz – eine Tonne entspricht 16 000 CO_2-Äquivalenten. In Russland ist das Verhältnis zwischen Aufwand und Ertrag noch schlechter, die Konzentration an Platin im sulfidischen Nickelerz ist geringer. Darum werden bei der Produktion von russischem Platin besonders viele giftige Schwefelverbindungen freigesetzt.

Wer Platin gewinnen will, braucht schwere, teure Technik und große Hüttenwerke. Soll die Produktion gesteigert werden, wird erst einmal viel Geld fällig. Darum können Nachfrage und Angebot auf dem Markt der Platinmetalle nur schleppend in Einklang gebracht werden. Steigt die Nachfrage, etwa weil Elektronikkonzerne eine neue Bildschirmtechnik entwickelt haben oder eine Regierung Elektrofahrzeuge steuerlich begünstigt, kann nicht einfach mal eben mehr Platin gefördert werden. Rund zehn Jahre dauert es, bis sich nach Investitionen in Bergbauprojekte das Angebot an Erzen oder Mineralien auf dem Markt erhöht. Zudem teilen sich wenige Bergbaugesellschaften die Abbaurechte. Sie haben kein Interesse daran, mit hohen Investitionen die Förderkapazitäten zu erhöhen – und so für stabile Preise zu sorgen. In Russland kommen strenge Kontrollen der Regierung hinzu, die die Mengen des abgebauten, gelagerten und exportierten Platins überwachen. Damit will die Regierung zum einen die Versorgung der eigenen Industrie sicherstellen, vor allem aber für ein hohes Preisniveau sorgen.

Gehandelt wird Platin an den Börsen, dort ist es beliebtes Objekt der Rohstoffspekulanten. Sie verstärken das Auf und Ab der Preise – ein Albtraum für die Einkäufer in den Unternehmen, die für den steten Nachschub zu kalkulierbaren Kosten sorgen müssen. In den Rohstoffkonzepten der Industrienationen taucht Platin deshalb in schöner Regelmäßigkeit auf den Listen der »kritischen« Metalle auf. Das bedeutet, Regierungen und Industrien befürchten Engpässe bei der Versorgung zu bezahlbaren Preisen, nicht morgen, aber vielleicht übermorgen. Zwar sind die Mengen an Platin, die noch in den Bergen Südafrikas oder in Sibirien liegen, groß. Doch sind die Karten schlecht gemischt: Dass letztlich drei Länder über die bislang bekannten Reserven verfügen, muss die Strategen in den Unternehmen beunruhigen. Vor allem, weil Platinmetalle in so vielen Bereichen eingesetzt werden, in denen sie bislang nicht ersetzt werden können. Der technische Fortschritt (in der Elektronik, bei den erneuerbaren Energien, bei der Mobilität) wandelt stofflich gesehen auf einem schmalen Pfad. Der eigentlich mit Geld für diejenigen gepflastert sein müsste, die über den Zugang zu den strategisch wichtigen Metallen verfügen.

Doch weder die Bevölkerung Russlands noch die Südafrikas oder gar Simbabwes hat bisher von dem Reichtum ihrer Länder profitiert. Auf dem Human Development Index der Vereinten Nationen, der den Zugang zu Bildung und Arbeit, die ärztliche Versorgung, das Einkommen und die Lebenserwartung in Beziehung setzt, belegt Simbabwe einen traurigen letzten Platz. Südafrika und Russland schneiden zwar besser ab, doch ist in beiden Ländern der Wohlstand extrem ungleich verteilt. Der protzige Reichtum der russischen Oligarchen ist genauso legendär wie die Armut der Alten und unteren sozialen Schichten bedrückend. In Südafrika tragen die großen Unterschiede zwischen Arm und Reich zu einer der höchsten Kriminalitätsraten der Welt bei. In beiden Ländern zerfrisst die Korruption den Rechtsstaat.

Nur in wenigen Ländern haben Bodenschätze zu einem guten Leben vieler geführt. Der Zusammenhang zwischen dem Reichtum an Bodenschätzen einerseits und Armut, schlechter Regierung und Gewalt andererseits hat zu dem Begriff des »Ressourcenfluchs« geführt. Sicher ließe sich dieser Fluch bannen – entwickelte Demokratien wie Norwegen oder Australien zeigen, wie es geht. Doch an den Bodenschätzen in den armen Ländern bereichert sich ja nicht nur eine schmale Schicht ökonomischer Eliten vor Ort. Auch die Industrienationen profitieren von ihnen. Noch immer verfolgen die Länder des Nordens, allen voran die USA, Deutschland oder Japan, ein koloniales Modell der Weltwirtschaft, in dem sie in großem Stil billige Ressourcen der Welt konsumieren. Billig, wenn man ihren Preis ins Verhältnis zu den Arbeitsbedingungen und Umweltbelastungen vor Ort setzt.

Doch die Machtverhältnisse verschieben sich. Zunehmend entwickeln die rohstoffbesitzenden Länder ein neues Selbstbewusstsein – zu beobachten etwa in Bolivien mit seinen Lithiumreserven (siehe Seite 156 f.). Mit Indien, Brasilien und vor allem China treten im Wettbewerb um Rohstoffe neue Spieler auf. Bisweilen klingt die europäische Industrie schrill, wenn sie auf bevorstehende Verteilungskämpfe hinweist. Knappe und ungleich verteilte Rohstoffe müssen aber nicht zwangsläufig in Konflikte münden. Verschiedene Initiativen einzelner Länder oder Institutionen versuchen, Transparenz in den Rohstoffhandel und seine Geldströme zu bringen. Die US-Regierung hat im vergangenen Jahr im Rahmen einer Reform der Finanzgesetze strengere Regeln für Unternehmen im Rohstoffsektor erlassen. Börsennotierte Unternehmen müssen jetzt offenlegen, ob ihre Produkte zum Beispiel Metalle aus der Demokratischen Republik Kongo oder ihren Nachbarländern enthalten – dort haben die Kriegsparteien mit Coltan und Co. jahrelang Söldner und Waffen für einen blutigen Bürgerkrieg finanziert.

Zudem tritt im Herbst 2013 der sogenannte Dodd-Frank-Act in Kraft: Unternehmen der Öl-, Gas- oder Metallbranche müssen Zahlungen an die Regierungen von Förderländern offenlegen.[25] Das Gesetz macht Furore, denn es ist Vorbild für eine ähnliche Initiative in der Europäischen Union. Im Frühjahr 2013 beschlossen Kommission, Parlament und Mitgliedsstaaten – gegen den Protest der Industrie – eine Reform der Rechnungslegungsrichtlinien. Diese schreiben vor, wie die Unternehmen ihre Bilanzen veröffentlichen müssen. Künftig müssen große Firmen mit mehr als 250 Mitarbeitern und einer Bilanzsumme von über 20 Millionen Euro aus der Bergbau-, Öl- und Forstbranche offenlegen, ob sie im Rahmen ihrer Tätigkeiten Zahlungen an Regierungen leisten. Erwirbt eine Firma eine Lizenz für ein Ölfeld oder zahlt Durchleitungsgebühren für eine Pipeline, muss sie dies darlegen. Damit soll verhindert werden, dass das Geld in korrupten Regierungsapparaten versickert. Einen ähnlichen Ansatz verfolgt die Extractive Industries Transparency Initiative (EITI), eine Nichtregierungsorganisation, die sich für mehr Transparenz im Rohstoffsektor einsetzt. Sie führt eine Liste von Staaten, die Zahlungen aus Rohstoffgeschäften offenlegen, darunter Aserbeidschan und die Mongolei, Niger, Nigeria und Norwegen.

Diese vereinzelten Initiativen sind sehr wichtig, werden aber der Komplexität des Ressourcenthemas kaum gerecht. Das könnte nur ein gemeinsamer Kraftakt der Staatengemeinschaft leisten, indem sie etwa die Förderbedingungen und die Nutzung von Ressourcen global regelt. Unter dem Dach der Vereinten Nationen hat sich Ende 2007 der Weltressourcenrat gegründet, das International Panel on the Sustainable Use of Natural Resources. Entstanden nach dem Vorbild des berühmten Weltklimarates ist er zwar deutlich weniger bekannt und einflussreich, doch könnte er den Kern eines internationalen Ressourcenregimes bilden.[26] Das Wuppertal Institut für Klima, Umwelt, Energie hat in diesem Zusammenhang zudem eine Steuer auf nicht erneuerbare Ressourcen vorgeschlagen. Bislang gibt es einzelne Versuche, beispielsweise die Ökosteuer auf den Verbrauch von Energierohstoffen in Deutschland oder die Besteuerung von Baurohstoffen wie Sand und Kies in Großbritannien. Eine umfassende, international abgestimmte Besteuerung von Rohstoffen, entweder auf alle der Erde entnommenen Ressourcen oder auf bestimmte, strategische Metalle, könnte den Verbrauch senken und Anreize für Effizienz und Recycling schaffen. Auf die Wiederverwertung von Material setzt das International Resource Panel einen besonderen Schwerpunkt.

Beim Platin besitzt Recycling schon jetzt einen hohen Stellenwert. Zumindest in Bereichen, in denen geschlossene Stoffkreisläufe sich leicht organisieren lassen. Das Freiburger Öko-Institut geht davon aus, dass die Chemieindustrie rund 90 Prozent des Platins recycelt, das sie zu katalytischen und anderen Zwecken benutzt. Sie organisiert ihre Produktion so, dass keine oder nur wenige Stoffe verlorengehen. Das in Autokatalysatoren eingesetzte Metall wird nur etwa zur Hälfte wiederverwertet. Es wird zwar nach einiger Zeit inaktiv, einer Aufbereitung und erneuten Nutzung steht das aber nicht im Wege. Es wären also deutlich höhere Recyclingquoten möglich – wenn auch keine 100 Prozent, denn das Platin (wie auch sein Substitut Palladium) im Katalysator ist zwar hart, aber nicht unzerstörbar oder vollständig immobilisiert. Während es seine Arbeit verrichtet, werden winzige Mengen abgerieben. Im langen Leben eines Kats, der sein Fahrzeug im Schnitt 80 000 Kilometer lang begleitet, gehen auf diese Weise rund zehn Prozent des eingebauten Metalls verloren.[27]

Als Feinstaub schweben zwischen fünf und zwanzig Tonnen Platinpartikel durch Europa, Japan und Nordamerika. Diesen Vorgang beschreiben Umweltwissenschaftler als »Dissipation« – also Zerstreuung, feinflächige Verteilung. Verhindern lässt die sich nicht. Also ist es umso wichtiger, den Teil der Metalle zurückzugewinnen, der sich nicht aus dem Staub macht. Hier liegt das größere Problem: Viele Schrottautos teilen das Schicksal des Elektroschrotts. Sie werden, meist illegal, außer Landes gebracht und nehmen ihre wertvollen Inhaltsstoffe dabei mit.

So werden die Platinmetalle, unter Einsatz von viel Energie und mit schwerwiegenden Konsequenzen für die Bergbauregionen, in alle Winde zerstreut. Am Ende der Platinnutzungsgeschichte ist das wertvolle Metall in der Biosphäre feiner verteilt als am Anfang in der Mine. Durch diesen alltäglich gewordenen Prozess gehen nicht nur wertvolle, unersetzliche Rohstoffe verloren; es bedeutet auch, dass immer weiter immer größere Mengen an Platin, aber auch an anderen essentiellen Metallen gefördert werden müssen. Norilsk, die verseuchte Stadt hoch im Norden Russlands, ist für Ausländer seit zehn Jahren gesperrt. Nur wer eine Einladung vorweisen kann, gelangt hinein.

Abschottung und Heimlichtuerei jedoch sind die falsche Reaktion auf die Herausforderung, verantwortlich mit dem Reichtum an Rohstoffen umzugehen. Nur Offenheit, Transparenz und internationale Zusammenarbeit werden dazu führen, dass künftig mehr Menschen von den Schätzen des Bodens profitieren können. Raimund Bleischwitz, Wissenschaftler am Wuppertal Institut für Klima, Umwelt, Energie schlägt vor, Ressourcen als ein »gemeinsames Erbe der Menschheit« zu betrachten.[28] Zwar seien sie Staaten, Unternehmen oder Menschen zur Nutzung überlassen, müssten aber »in ihren wichtigsten Funktionen an die folgenden Generationen weitergegeben werden«.

Immer noch herrscht Bronzezeit

Kein Metall begleitet die Menschen so lange auf so vielen Wegen wie Kupfer. Schon vor über 8 000 Jahren verwendeten sie neben Werkzeugen aus Steinsplittern, Knochen oder Horn solche aus dem orange-rot glänzenden Metall. Vermischt, also legiert, mit Zinn, ermöglichte es den Menschen – etwa den frühen Hochkulturen in Ägypten oder im Zweistromland – vor etwa 3 000 Jahren den Aufbruch in die Bronzezeit. Seinen Namen erhielt es von einer Insel: »Aes Cyprium«, Erz aus Zypern, nannten es die Römer, fanden sie dort doch große Mengen des begehrten Materials. Im Laufe der Zeit wurde daraus Cuprum, im Deutschen schließlich Kupfer.

Zyperns Minen sind längst erschöpft, heute wird Kupfererz vor allem in Chile, Peru und Australien aus den Bergen gehämmert und gesprengt, auch die USA, China und Mexiko besitzen Vorkommen. In Europa arbeiteten einige Kupferbergwerke noch im 19. Jahrhundert wirtschaftlich. Die Alchemisten des Mittelalters bezogen das Kupfer für die Deckel ihrer Gefäße, in denen sie ihre Flüssigkeiten destillierten, wahrscheinlich aus dem Erzgebirge oder dem Harz, aus Skandinavien, Ungarn oder Böhmen.

Heute sind Europas Kupfervorräte jedoch weitgehend leergeräumt. Auf rund 630 Millionen Tonnen beziffern die Geologen vom U.S. Geological Survey die weltweiten Reserven – das sind die Mengen, die gut bekannt und sicher abgebaut werden können. Schätzungen über die Ressourcenvorkommen sind bei allen Rohstoffen immer viel höher, denn hier geht es um angenommene, theoretische Mengen – im Falle von Kupfer sind das drei Milliarden Tonnen, die auf der Erde vermutet werden. Wie viel des edlen, bunten Metalls sich auf dem Grund der Meere befindet, wüssten die Wissenschaftler gerne. An einigen, sehr tiefen Stellen haben sie Manganknollen gefunden. Zwischen fünf und zwanzig Zentimetern groß, schauen sie aus wie Kartoffeln oder Rote Bete, und bergen große Schätze: Neben dem Mangan auch Eisen, Kupfer, Zink, Kobalt, Chrom und Vanadium. Ob sie je gewonnen werden können – und welche ökologischen Folgen ihre Gewinnung hätte –, ist unklar. Korallen könnten zerstört, Fische oder Muscheln getötet werden, etwa, wenn aufgewirbelte Sedimente abgesaugt werden und die Wasserlebewesen gleich mit. Die Tiefsee ist ein artenreicher und empfindlicher Lebensraum, der sich von Eingriffen nur schwer erholt.

Kupfer ist hart und zugleich zäh, lässt sich walzen, drehen, ziehen und gut mit anderen Metallen vermischen. Das macht es bis heute zu einem der meist verwendeten Metalle. Rund 1,7 Millionen Tonnen Kupfer haben Handwerker und Industriebetriebe in Deutschland 2010 verarbeitet, nur Eisen und Aluminium verwendeten sie noch häufiger. Ein Mensch in einem Industrieland verbraucht in einem rund siebzig Jahre langen Leben rund eine Tonne Kupfer. Brauereikessel, Töpfe, Kirchenglocken, Regenrinnen, Druckplatten, Fallrohre, Gebäudeverkleidungen, Kabel, Bremsleitungen, Leiterplatten und Türklinken gibt es aus Kupfer – aber nicht nur das. Das Metall ist auch ein lebenswichtiges Spurenelement, einige Milligramm davon muss jeder Mensch täglich essen, um gesund zu bleiben. In zahlreichen pflanzlichen und tierischen Lebensmitteln ist es enthalten. Wer sich abwechslungsreich ernährt, nimmt also ausreichend Kupfer zu sich.

Pflanzen benötigen ebenfalls Kupfer für die Photosynthese. Mangelt es an dem Metall, wachsen die Pflanzen zudem langsamer. Düngemittel enthalten deshalb bisweilen Kupfer. Und weil es zudem das Wachstum von Bakterien und anderen Mikroorganismen hemmt, wird es auch als Ackergift eingesetzt. Wollen Landwirte Krankheiten wie Falschen Mehltau an Weinreben, Feuerbrand oder Kragenfäule an Obstbäumen oder Kraut- und Knollenfäule an Kartoffeln behandeln, greifen sie zu dem Metall. Und haben sich die Obst-, Wein- oder Gemüsebauern der ökologischen Landwirtschaft verschrieben, verfügen sie über kaum ein anderes Mittel als Kupferkalkbrühe oder Bordeauxbrühe (eine Mischung aus gelöschtem Kalk und Kupfervitriollösung, die 1880 erstmals zusammengerührt wurde), weil sie chemische Mittel nicht benutzen dürfen und wollen. Die Biobauern sind heftig dafür kritisiert worden, dass sie das Schwermetall benutzen – obwohl die konventionelle Landwirtschaft deutlich exzessiver auch zu diesem Mittel greift.

Allerdings gehören die Bauern nicht zu den größten Emittenten; durch die Verwendung in Gebäuden und in Autos gelangt deutlich mehr Kupfer in die Umwelt. Kupferdächer zum Beispiel werden im Laufe der Jahre vom Regen ausgewaschen. Zwar soll die grüne Malachit-Patina, die sich bei feuchter Luft schnell auf den Bronzeflächen bildet, die weitere Korrosion eigentlich verhindern. Doch gegen diese alte Regel der Kupferschmiede sprechen Untersuchungen, die auch im Regenwasser der hellgrün leuchtenden Dächer Kupferspuren fanden. In Autobremsen verwendetes Kupfer wird, wenngleich in kleinsten Mengen, per Abrieb an die Umwelt abgegeben.

Einige Kupfersalze sind für Menschen sehr giftig – zehn Gramm Kupfersulfat, das hellblaue, feste Kupfersalz der Schwefelsäure, wirken tödlich. Elementar hingegen ist Kupfer für Erwachsene auch in hohen Dosen eher nicht gefährlich. Für Säuglinge hingegen schon. So berichtet das Umweltbundesamt von einem Zusammenhang von hohen Kupferwerten im Trinkwasser und Leberschädigungen bei ungestillten Säuglingen. Auch Boden- und Gewässerorganismen, Kleinkrebse, Fische, Planktonalgen und Regenwürmer vertragen hohe Konzentrationen von Kupfer schlecht.

Der Eintrag des Metalls in die Umwelt war einige Jahre stetig zurückgegangen. Erst nach Mitte der neunziger Jahre nahm er wieder zu. Behörden und Gesetzgeber versuchen nun, die Emissionen einzuhegen; etwa, indem sie strengere Vorschriften für die Landwirte erlassen. Wenn ein Ersatz von Kupferdächern möglich ist, sollte er, laut Umweltbundesamt, erwogen werden. Und müssen es Dachrinnen oder Verschalungen aus Kupfer sein, können Filter das Abwasser vor drohenden Verunreinigungen schützen. Dass wieder mehr Kupfer in die Umwelt gelangt, hat auch mit einem Wandel in der Nutzung zu tun. Das gute Leitermaterial nimmt Teil am Boom der modernen Unterhaltungselektronik. Nicht nur in Mobiltelefonen, auch in

Fernsehern, DVD-Playern, Computern und Laptops steckt es. Während Kupfer etwa aus Bauwerken oder Kabeln in großem Maßstab recycelt wird – die Quoten liegen weit über 50 Prozent –, ist die Wiederverwertung aus elektr(on)ischen Geräten nur schwach entwickelt.

Nach einer Schätzung der EU-Kommission wird europaweit nur etwa ein Drittel der kaputten oder ausrangierten Elektrogeräte eingesammelt. Zwei Drittel hingegen landen auf Müllkippen, in Müllverbrennungsanlagen oder in armen Ländern, in denen sie ohne technisches Knowhow zerlegt werden. Laut einer Studie des Umweltbundesamtes von 2010 verschwinden jährlich 155 000 Tonnen Elektroschrott illegal aus Deutschland. Die Gründe dafür sind vielschichtig. Zum einen wurden für Elektrogeräte bislang keine geeigneten Kreisläufe organisiert, auch wenn es gesetzliche Regelungen gibt. Das Baseler Abkommen von 1989 regelt den Im- und Export von gefährlichen Abfällen, darunter auch Elektroschrott. Mehrere Beschlüsse der Organisation für Zusammenarbeit und Entwicklung (OECD) und der EU schreiben vor, wie mit dem Müll zu verfahren ist. So strebt die EU in ihrer Richtlinie über den Abfall aus Elektro- und Elektronikgeräten (Waste Electrical and Electronical Equipment, WEEE) Recyclingquoten von 65 Prozent an. Seit 2006 müssen darum etwa in Deutschland Hersteller und Händler dafür sorgen, dass ihre Geräte dem Recycling zugeführt werden, wenn sie Abfall geworden sind. Die kommunalen Wertstoffhöfe nehmen Radiowecker, Telefone und Fernseher von den Verbrauchern zurück, die Unternehmen zahlen für ihr Recycling. Die Organisation ist dabei uneinheitlich: Einige Kommunen bieten zentrale Sammelstellen an, andere holen den Elektroschrott bei Bedarf von den Verbrauchern ab. Ab der Sammelstelle der Kommunen organisieren dann, dem Prinzip der Produktverantwortung folgend, die Hersteller den weiteren Weg der Elektrogeräte. Die geteilte

Verantwortung führt zu vielen Akteuren entlang der Entsorgungskette, und an jeder Schnittstelle geht Schrott verloren.

Gesetze nutzen eben nur dann, wenn sie befolgt werden und die Behörden genug Personal und Sanktionsmöglichkeiten haben, ihre Einhaltung auch zu überprüfen und durchzusetzen. In Bezug auf den Elektroschrott – genau wie auf Schrottautos – ist das häufig nicht der Fall. Die zentralen Sammelstellen der Kommunen setzen darauf, dass die stolzen Besitzer den Weg dorthin auch auf sich nehmen, um ihre Geräte abzugeben. Das tun sie aber nicht. Darum verstauben viele Kleingeräte in den Schubladen oder gelangen – über die graue Restmülltonne – in den Stoffstrom des Restmülls. »Kupferklau« legt nicht nur regelmäßig die Deutsche Bahn lahm, weil an ihren Strecken Metalldiebe unterwegs sind. Auch der am Straßenrand abgestellte Sperrmüll wird systematisch nach wertvollen Ressourcen abgesucht und geplündert. Oft finden die städtischen Sammler nur noch zerschlagene Fernseher oder zerlegte Computer am Straßenrand vor. Professionelle Schrottsammler ergattern alte Geräte auf Flohmärkten oder suchen in Kleinanzeigen, in Zeitungen oder im Internet danach. Fernseher, Handys oder Computer werden als noch funktionstüchtig deklariert und über die großen Häfen in Hamburg oder Rotterdam ins Ausland geschippert. In Afrika oder Asien werden sie dann, oft von Kindern, auseinandergebaut und ausgeschlachtet. Gefährliche Inhaltsstoffe vergiften dabei Menschen und Umwelt und die Ausbeute ist gering. Nur, was leicht entfernt werden und sofort zu Geld gemacht werden kann, wird auch ausgebaut – etwa Gold. Metalle, die in Legierungen oder als dünne Beschichtungen vorkommen, gehen verloren.

So wird nur ein Bruchteil der enthaltenen Rohstoffe geborgen. In Handarbeit ist das auch nicht zu erledigen, das Recycling von Fernsehern oder Handys erfolgt in technisch anspruchsvollen, chemischen Prozessen. Dringend müssten die

Entwicklungsländer dabei unterstützt werden, sich Wissen und Techniken über diese Prozesse anzueignen. Zugleich gilt es in den Industrieländern, illegale Exporte zu stoppen. Um Handy, Fernseher und Co. in eine Kreislaufwirtschaft zu integrieren, schlägt die Abfallwirtschaft vor, zumindest kleinere Geräte in den Mülltonnen am Haus zu sammeln, in Form der Wertstofftonne.

Nun versucht die Bundesregierung (unter Führung verschiedener Umweltminister) seit einigen Jahren, das Abfallrecht zu erneuern. Ökologisch und ökonomisch geht es dabei um viel, werden doch so auf Jahre hin Stoffströme geleitet – im Kreis, in Öfen oder eben in die Dritte Welt. Einen zentralen Streitpunkt dabei bildet die Wertstofftonne, die den alten gelben Sack oder die gelbe Tonne ersetzen soll. Bislang waren ihnen die Reste unserer Verpackungen aus Kunststoff oder Metall vorbehalten. Vom Plastiktütchen für den Reibekäse bis zum Beutel für die Legosteine gehörte alles, was Verpackung war, in diese Tonne. Zahlreiche Institute und Unternehmensberatungen befassten sich hingebungsvoll mit der Frage, was denn überhaupt eine Verpackung sei. Das Kartonröllchen inmitten des Klopapiers – eine Verpackung? Oder ein Plastikblumentopf – ziert oder verpackt er die Pflanze? Lange Listen wurden angelegt, Kongresse veranstaltet. Denn beim Abfall geht es auch immer um viel Geld. Hersteller und Händler tragen die Produktverantwortung, sind also auch nach Gebrauchsende für die Dinge zuständig, die sie herstellen oder verkaufen. Das kostet. Ist das Pappröllchen eine Verpackung, bezahlen die Hersteller für seine Entsorgung. Ist es nur ein Röllchen, zahlt der Bürger über seine Abfallgebühren.

Es geht aber nicht nur um Geld. Gilt der Blumentopf als Verpackung, darf er in die gelbe Tonne – und wird im besten Fall in einer Anlage für Kunststoffrecycling sortiert und wieder verwendet. Ist er Zierrat, ist die graue Restmülltonne zuständig.

Und er wird, zusammen mit schmutzigen Taschentüchern, Teebeuteln und Bananenschalen, verbrannt. Den Schichtführer in der Müllverbrennungsanlage wird das freuen, denn Kunststoff hat – das Erdöl lässt grüßen – hervorragende Brennwerte. Im Sinne einer nachhaltigen Ressourcennutzung ist das aber nicht unbedingt, und wer lässig einwirft, Mülltrennung sei sowieso Quatsch, weil am Ende alles gemeinsam verbrannt und somit sinnvoll energetisch genutzt werde, der hat allerdings die technischen Entwicklungen der vergangenen Jahre verpasst. In den Recyclinganlagen können beispielsweise verschiedene Plastiksorten fein voneinander getrennt und dann auch hochwertig wieder verwertet werden. Um noch mehr Material in diesen Prozess zu führen, soll die gelbe Tonne für Verpackungen umgestaltet werden in eine orange Tonne für Wertstoffe. In der vergangenen Legislaturperiode von 2009 bis 2013 hat sich die schwarz-gelbe Bundesregierung zwar bemüht, es aber nicht geschafft, die unterschiedlichen Interessen unter einen Hut zu bringen, die dabei aufeinanderprallen. Auch dringend erwartete Gesetze zur Verwertung von Alttextilien, Biomüll oder sogenanntem haushaltsähnlichem Gewerbeabfall – also etwa Bechern und Tütchen im Kino oder Bananenschalen im Büro – ist die Bundesregierung schuldig geblieben. So kann sich nun ihr Nachfolger daran versuchen.

Gesucht werden neue Regeln für ganz unterschiedlichen Abfall, nämlich Folien, Kunststoffschüsseln und Laptops, also für Verpackungen, sogenannte »stoffgleiche Nichtverpackungen« und für Elektroschrott. Sie werden in unterschiedlichen Gesetzen behandelt, die Problemlage ist aber für alle gleich: Wie können die Produkte so hergestellt werden, dass sie sich leicht reparieren und recyceln lassen? Wie können sie vom Kunden zu den Recyclingfirmen gelangen, und zwar so, dass sie sich dort möglichst effizient wiederverwerten lassen? Und schließlich: Wie können die Recyclingfirmen ihre Sekundärrohstoffe in so guter Qualität und zu so angemessenen Preisen herstellen, dass sie auf dem Markt gegen die Konkurrenz aus dem Bergwerk oder der Pipeline bestehen können?

Im Gespräch sind verschiedene Modelle. Die schon erwähnte Wertstofftonne könnte Kunststoffe und Metalle sammeln, auch Kleingeräte wie Föhne, Radios oder Mobiltelefone. Das Problem: Sie enthalten zum Teil giftige Inhaltsstoffe, etwa Quecksilber, und würden spätestens dann den übrigen Abfall verseuchen, wenn sie ins Müllauto geworfen und gequetscht würden. Auch reparaturfähige Geräte würden so zerstört. Im Sinne der Müllvermeidung, dem obersten Gebot bei der Abfallbehandlung, ist das nicht. Eine andere Idee ist, Elektrogeräte aus dem Abfallstrom der Wertstofftonne herauszuhalten und die Händler zu verpflichten, alte Geräte zurückzunehmen. Sie müssten mit der Industrie zusammen die Entsorgung organisieren. Um die Konsumenten anzuhalten, ihre Geräte auch wirklich abzugeben, wird ein Pfand, etwa auf Mobiltelefone, erwogen. Ein dritter Vorschlag besteht darin, den enormen Forschungs- und Entwicklungsbedarf in diesem Bereich anzuerkennen und alte Geräte erst einmal zu sammeln, als eine Art »anthropogenes Rohstofflager«. Wenn die Mittel zur Verfügung stehen, um sie auszubeuten, kann es erschlossen werden.

Diese Diskussion befasst sich mit dem ersten Schritt der »Abfall-Wertschöpfungskette«, der Erfassung. Auch der zweite Schritt erfordert Aufmerksamkeit: Sind Handy, Playmobilschiff und Co. in der richtigen Tonne gelandet, muss gewährleistet sein, dass sie von dort den Weg zur richtigen Recyclingfirma finden. Dort können zum Beispiel mittels Lasertechnologie verschiedene Kunststoffsorten voneinander getrennt und somit Plastikflaschen wieder zu Plastikflaschen verarbeitet werden. Hier hat sich eine Hightech-Wirtschaft entwickelt, die unter den aktuellen Rahmenbedingungen leidet. Denn die hohen Kapazitäten zur Müllverbrennung führen – zusammen mit einer Gesetzgebung, die diese Art der Abfallvernichtung begünstigt – dazu, dass große Mengen Plastik in Rauch aufgehen. Es wird in den kommenden Jahren also darum gehen, Müllverbrennungsanlagen zu schließen oder zu verkleinern. Das hört sich einfacher an, als es ist: Schließlich stecken in ihnen Millioneninvestitionen und langfristige Planungen von Kommunen und Unternehmen. Diskutiert wird, dass die Betreiber der Anlagen eine Art Fonds gründen, in den sie einzahlen und aus dem heraus dann Stilllegungen finanziert werden.

Für ausgediente Elektrogeräte gilt es andere Probleme zu lösen und dabei zunächst auf die Hersteller zu schauen. Die konstruieren ihre Geräte nämlich so, dass sie kaum recycelt werden können, geschweige denn repariert. So baut Apple in seine Smartphones den Akku so ein, dass er nicht herausgelöst werden kann. Geht dieses Verschleißteil kaputt, ist das ganze Gerät Schrott. Ein Kreislaufwirtschafts- und Wertstoffgesetz, das seinen Namen verdient, würde also schon bei der Produktion einsetzen (wir kommen weiter unten darauf zurück). Zudem haben wir es beim Metallrecycling mit einem Feld zu tun, das der Markt nur schlecht regelt. Zwar ist es lohnend, etwa Kupfer aus Elektroschrott zu gewinnen. Der Gewichtsanteil von Kupfer in einem Handy beträgt etwa 15 Prozent; bezogen auf eine Milliarde Mobiltelefone macht das rund 15 000 Tonnen aus. Auch relevante Mengen an gut verkäuflichem Gold (in einer Tonne Handys stecken gut und gerne 250 bis 300 Gramm dieses begehrten Metalls), Silber oder Platin finden sich in den Geräten. Da lohnt es sich, geeignete Techniken und Verfahren zu entwickeln, um sie aus Abfall oder Schlacke herauszuholen. Bei den nur in kleinsten Mengen eingesetzten Metallen, wie die Seltenen Erden oder Lithium, lohnen sie sich jedoch nicht. Hier brauchen die Unternehmen als Anreiz hohe Recyclingquoten, die sie erfüllen müssen, sonst setzt sich der Kreislauf nicht in Gang und eine der wunderbarsten Eigenschaften von Metallen wird missachtet: Wir können sie fast unendlich oft gebrauchen, ohne sie zu verbrauchen.

Interessant ist hier übrigens der Blick zu einem Stoff, bei dem der Kreislauf »Aus alt mach neu« ganz gut klappt: Papier. Hier werden sehr hohe Quoten erreicht, selbst Hersteller von Qualitäts- und Hochglanzpapieren nutzen altes Papier, um neues herzustellen, zahlreiche Sammelmodelle haben sich entwickelt. Sowohl der Wirtschaft als auch den Verbrauchern hat es offenbar eingeleuchtet, dass in Jahrzehnten gewachsene Bäume zu schade sind, um sie einmal zu Papier zu verarbeiten und dann zu entsorgen. Das Wissen um die Notwendigkeit, Holz nachhaltig zu nutzen, sitzt tief. Plastik und Elektronik hingegen sind Kinder der Wegwerfgesellschaft – für die Millionen Jahre alten »unterirdischen Wälder« und die immer währenden Metalle fehlt ein solches Bewusstsein.

Solche Fragen stehen auf den zahlreichen Tagungen und Kongressen, wo über die Ausgestaltung der Abfallwirtschaft in Deutschland gerungen wird, allerdings eher nicht im Mittelpunkt. Dort sitzen sich kommunale Unternehmen und private Abfallwirtschaft unversöhnlich gegenüber und versuchen, für sich das Beste herauszuholen. Bislang haben sich die Kommunen als erfolgreicher erwiesen. Recyclingweltmeister hin oder her – die Kreislaufwirtschaft steckt in Deutschland noch in den Kinderschuhen. Eine ganze Legislaturperiode hat die Bundesregierung verschenkt und sich in Machtkämpfen zwischen kommunaler und privater Wirtschaft zerreiben lassen. Die Nutzung der vorhandenen »Sekundären Minen« steht erst am Anfang. Wichtige Fragen wurden überhaupt nicht erörtert, zum Beispiel die, ob Recycling wirklich die beste Lösung für eine nachhaltige Wirtschaft darstellt. Es gilt, den Begriff der Produktverantwortung ernst zu nehmen und weiterzuentwickeln. Der Vorschlag, ein Pfand auf Handys zu erheben, ist daher sinnvoll. Um ein Mobiltelefon im Schnitt nur weniger als zwei Jahre zu benutzen, stecken viel zu viel Energie und menschliche Arbeitskraft darin – und zu viele wertvolle, endliche Rohstoffe.

Das warm und rot glänzende Kupfer benutzen Menschen seit Tausenden von Jahren. Es wird ihnen wohl auch in tausend Jahren noch nützlich sein, und so (nicht nur) die Technikgeschichte weiterhin mitprägen. Um von den so nützlichen Eigenschaften des Kupfers zu profitieren, müssen wir es allerdings nicht unbedingt besitzen. Wer interessiert sich schon für den metallenen Schatz in seinem Handy oder seinem Computer, solange er zuverlässig dafür sorgt, dass Daten oder Stimmen übertragen werden? Neben den technischen Erfindungen, mit denen uns Computer- und Handyindustrie halbjährlich verblüffen, wird es Zeit für eine kulturelle Innovation. Wie wäre es, wenn die Konsumenten künftig keine Mobiltelefone mehr erwerben würden, sondern die Möglichkeit zu telefonieren? Geht das Telefon kaputt und kann nicht mehr repariert werden (oder wirkt es gar zu altmodisch), geben sie es dort ab, wo sie ihre Dienstleistung einkaufen. Verantwortlich für den Strom der Stoffe sind nicht mehr die Käufer, sondern die Hersteller. Die Bestandteile der Produkte können wir so zum Teil unendlich oft benutzen. Gerade das Kupfer wird uns auf vielen Wegen und für lange Zeit begleiten, wenn wir es nicht durch unsachgemäße Nutzung verlieren.

Das Salz in der Suppe

Flink gleiten die Finger über den Bildschirm, wie durch Zauberhand erscheinen Bilder und Schriften. Das Smartphone zeigt nacheinander gespeicherte Fotos, einen Stadtplan, die Ergebnisse einer Google-Suche und das Onlineangebot einer

Tageszeitung; jedes Bild wird durch ein neues Bild ersetzt und verschwindet, als wäre es nie dagewesen. Von beinahe jedem Standort lassen sich in Form von Texten, Bildern, Zeichen oder Tönen Informationen aus der ganzen Welt abrufen, leicht, schnell und schwerelos.

Die flüchtigen Bilder sind Ergebnis eines trickreichen Umgangs mit Licht. Der Touchscreen eines Smartphones besteht, wie die Bildschirme von Flachbildschirmfernsehern oder Mobiltelefonen, aus zwei Glasplatten, die in geringem Abstand zueinander montiert sind. Die einander zugewandten Seiten tragen eine hauchdünne Schicht Indiumzinnoxid, ein Glas, das elektrischen Strom leiten und Magnetfelder erzeugen kann. Den Zwischenraum zwischen den beiden Glasplatten füllen Flüssigkristalle. Wie ihr Name sagt, sind sie flüssig, zeigen aber die Eigenschaften von Kristallen. Vor allem können sie Licht so brechen, dass jeweils eine bestimmte Farbe sichtbar wird. Der Darmstädter Chemiekonzern Merck macht hervorragende Geschäfte mit der Herstellung von Flüssigkristallen (und gleicht damit miese Ergebnisse in der Pharmasparte aus). In dieser Branche ist er Weltmarktführer. Wenn die Flüssigkristalle die Produktionshallen in Deutschland in Richtung Asien verlassen, sehen sie aus wie Puderzucker. Erst bei der Fabrikation der Endgeräte werden sie in ihren seltsamen Aggregatzustand gebracht, weder flüssig noch fest.

Entdeckt wurden Flüssigkristalle schon Ende des 19. Jahrhunderts, gemeinsam von dem österreichischen Botaniker und Chemiker Friedrich Reinitzer und dem deutschen Physiker Otto Lehmann. Sie untersuchten die rätselhaften Eigenschaften von Cholesterin. Der lästige Stoff aus der Werbung für Diätmargarine ist ein wichtiger Bestandteil der Zellmembranen im Körper. Er kommt in Spuren auch in Karotten vor. Aus einer Möhre hatte Reinitzer das Cholesterin gewonnen und damit experimentiert. Er entdeckte, dass das Fett bei hohen Temperaturen nicht an einem, sondern an zwei Punkten seine Konsistenz veränderte. Es besaß also zwei Schmelzpunkte. Zwischen diesen beiden Punkten befand es sich, erkannte Lehmann, in einem eigenständigen Aggregatzustand. Die Erkenntnis wurde nicht nur lange Zeit angezweifelt, sie führte auch zu keinerlei praktischem Nutzen. Flüssigkristalle galten in Deutschland lange als nette Spielwiese für Chemiker mit interessanten Aufgabenstellungen in der Grundlagenforschung. Bis der Schweizer Pharmakonzern Hoffmann-La Roche die LCD-Anzeige erfand, die in Japan schließlich für die industrielle Massenproduktion weiterentwickelt wurde.

Merck erwarb die Lizenzen zur Herstellung von Flüssigkristallen und macht heute über 80 Prozent seines Milliardenumsatzes mit ihnen in Asien, vor allem in Japan, Taiwan und Korea. Der Liquid Crystal Display braucht aber nicht nur Flüssigkristalle, sondern auch das leitfähige Glas für die Steuerung, darum ist Japan zudem der größte Indiumkonsument der Welt. Flüssigkristalle und Indium werden in den Bildschirmen in winzigen Mengen eingesetzt. Selbst ein riesiger Bildschirm benötigt nur um die drei Gramm Flüssigkristalle. Ebenfalls im Grammbereich bewegt sich der Einsatz von Indium. So, wie wenige Safranfäden ein fades Reisgericht in einen köstlich duftenden, goldgelben Risotto verwandeln, machen die speziellen Eigenschaften von Indium, Platin oder Tantal ein Handy aus: Sie sind zwar nur in winzigen Mengen als »Gewürzmetalle« enthalten, doch ohne ihre Würzkraft, ihre spezifischen physikalischen und chemischen Eigenschaften, gäbe es die vielfältigen Funktionen von Smartphone oder Handy nicht.[29]

Wie das so ist mit den besonderen Eigenschaften der Stoffe: Die Menschen entdecken sie oft erst dann, wenn sie dem Material die richtigen Fragen stellen. So auch beim Indium. Ein Brocken des ersten rein gewonnenen, weichen und silberglänzenden Metalls lässt sich in der Mineraliensammlung der Bergakademie Freiberg in Sachsen bestaunen. Zwei Professoren der honorigen, über 250 Jahre alten Bildungs- und Forschungseinrichtung hatten es 1863 erstmals aus einem Mineral isoliert. Zwar sollen die Herren Reich und Richter in Freiberg für ihre Entdeckung künftig mit einem Denkmal geehrt werden. Doch zur Ehre gereichte ihnen das Indium nicht. Es galt lange Zeit, noch bis weit ins 20. Jahrhundert hinein, als langweiligstes aller Metalle. Erst als die Menschen damit begannen, durchsichtige, unempfindliche, stromleitende und lichtbrechende Materialien zu benötigen, erregten Indium, Tantal und ihre Anverwandten Interesse. Länger als zwanzig, dreißig Jahre ist das noch nicht her.

Einkäufer und Entwicklungsingenieure in den Unternehmen stellen die Gewürzmetalle vor große Aufgaben. Sie werden nämlich nicht nur in winzigen Mengen eingesetzt, sie sind auch nur in winzigen Mengen vorhanden.

Zwar beziffert die Bundesanstalt für Geowissenschaften und Rohstoffe (BGR) die bekannten Vorräte an Indium auf 49 000 Tonnen weltweit. Doch an sie heranzukommen ist schwierig. Indium liegt, anders als etwa Silber oder Eisen, nicht in Erzen vor, die aus einem Bergwerk gebaggert werden können. Ähnlich wie Platin begleitet es in der Natur Buntmetalle wie Kupfer, Blei, Zinn und vor allem Zink, mal hier ein wenig, mal dort ein bisschen. Die größten Vorkommen liegen in China, Kanada, Peru, Brasilien und Bolivien. Erst kürzlich versetzte eine Meldung die Sachsen in Aufregung: Geologen vermuten große Mengen von Indium im Erzgebirge, dessen reiche Silbervorkommen die Gegend vom Mittelalter bis weit in die Neuzeit hinein reich gemacht hatte. Die Deutsche Rohstoff AG, die in Deutschland noch ungehobene Schätze an Zinn, Kupfer, Gallium, Indium und Seltenen Erden vermutet und heben will, hat sich die Abbaulizenzen gesichert.

Allerdings reicht es nicht, einfach ein Bergwerk zu eröffnen, um Indium zu produzieren. Viele Hütten – also Fabriken, die aus Erzen Metalle gewinnen – kommen an die seltene Fracht gar nicht heran. In ihnen wandert das Indium als Bestandteil von Rückständen in den Abfall, etwa bei der Produktion von Zink. Aus den Zinkerzen gewinnen können es nur spezialisierte Hütten. Besonders effizient arbeiten auch diese nicht. Das führt dazu, dass nur rund 35 Prozent des Indiums, das in Erzen zur Verfügung steht, auch tatsächlich gewonnen wird.

Und die Schlamperei setzt sich fort. Zwar trägt das Recycling von Indium den wesentlichen Teil zur Jahresproduktion des seltenen Metalls bei; 2009 zählte der Branchendienst American Metal Market 450 Tonnen aus Erzen gewonnenes Indium gegenüber 1 318 Tonnen Recyclingindium. Allerdings ist die Zahl trügerisch. Denn das recycelte Material entstammt überwiegend industriellen Prozessen. Bei der Beschichtung der Glasplatten für LCDs etwa erreicht nur ein kleiner Teil der Sprühwolke aus Indiumzinnoxid sein Ziel. Der Rest verfliegt, wird aber eingefangen und wieder verwertet. Auch in Laugenrückständen bei der Zinkproduktion findet sich Indium, das wiedergewonnen wird. Ein Recycling im volkstümlichen Sinne, nämlich die Rückgewinnung aus Mobiltelefonen, Netbooks oder Solarmodulen, findet hingegen kaum statt. Hier leidet das Indium an der gleichen Krankheit wie Platin oder Kupfer.

Kehren wir kurz zu dem Risotto zurück. Der enthält nicht nur Reis und Safran, sondern je nach Rezept auch Knoblauch und Zwiebeln, Sahne und Käse, Olivenöl, Salz und Pfeffer. Vor dem Kochen warten alle Zutaten fein säuberlich nebeneinander auf dem Küchentisch auf Brettchen, in Töpfchen oder Flaschen. Ist der Risotto fertig, lassen sie sich kaum wieder voneinander trennen. Zum Glück ist das nicht nötig, das Reisgericht wird nicht recycelt, sondern genussvoll verspeist und verschwindet (um den Phosphor darin ist es allerdings schade). Anders bei einem Handy. Das besteht aus einer ähnlichen

Sammlung aus unterschiedlichsten Stoffen wie ein Risotto – rund zwanzig Metalle sowie verschiedenste Polymere werden verarbeitet. Auch sie lassen sich nach dem Lebensende des Handys kaum wieder voneinander trennen. Die unterschiedlichsten Metalle werden gemischt, beschichtet und miteinander verbunden, je nachdem, welche Anforderung das Produkt an sie stellt. In so geringen Mengen werden sie verwendet, dass die Materialkosten sich nur geringfügig auf den Preis des Handys oder Fernsehers auswirken, zudem Metalle aufgrund niedriger Umwelt- und Sozialstandards bei der Förderung noch immer äußerst billig zu haben sind. Die Materialkosten eines Smartphones etwa betragen je nach Marke kaum ein Drittel des Verkaufspreises.

Das verhindert nicht nur den Aufbau von Kreislaufstrukturen. Die Industrie erhält auch keinerlei Anreize, ihre Geräte ressourcenschonend zu konstruieren. Schließlich müssten Ingenieure nicht ständig nach leuchtenderen Farben, schärferen Kontrasten oder schnelleren Ladezeiten suchen – sie könnten auch Mobiltelefone entwickeln, die sich leichter wieder in ihre Bestandteile zerlegen lassen oder generell mit weniger Metallverbindungen auskommen. Bislang drängen weder die Nachfrage der Konsumenten noch die Preise für Rohstoffe die Unternehmen dazu, mehr Verantwortung für die Ressourcen zu übernehmen, die sie benutzen.

Die Europäische Union versucht, den Unternehmen entsprechende Vorschriften zu machen, doch beschränkt sie sich auf den Bereich der Energieeffizienz und des Gesundheitsschutzes. In ihrer Richtlinie zum Ökodesign setzt sie Mindeststandards für den Energieverbrauch fest. Prominentestes Opfer der Ökodesignrichtlinie ist die Glühbirne; aber auch den Stromverbrauch von Fernsehern im Stand-by-Modus regelt sie. Es wäre gut, wenn sie diese Vorschriften auf Produkteigenschaften ausweiten würde, zum Beispiel auf ihre Lebensdauer; sie könnte auch vorschreiben, dass Gegenstände leicht zerlegbar sein müssen. Die Gesundheit der Verbraucher hatten die Politiker mit der RoHS-Richtlinie im Sinn, der Restriction of Hazardous Substances. Sie schränkt den Verbrauch der giftigen Schwermetalle Blei, Quecksilber, Chrom, Cadmium und einiger Flammschutzmittel ein. Das ist gut und wichtig, lässt aber den generell besinnungslosen Umgang mit Material außer Acht. Denn mögen die Stoffmengen im einzelnen Handy auch klein sein – jährlich werden weit über eine Milliarde Handys verkauft, zudem Hunderte Millionen von Solarmodulen, Computern und Fernsehern. Die dabei eingesetzten Mengen an Kupfer, Indium, Platin, Silber, Gold und Thallium sind riesig. In einem Gerät stecken rund fünfzehn Gramm Kupfer – gerechnet auf eine Milliarde sind das 15 000 Tonnen. Palladium hat am Gesamtgewicht eines Handys nur einen Anteil von 0,015 Prozent, für eine Jahresproduktion braucht die Industrie trotzdem fünfzehn Tonnen.

Aus aller Welt werden die Rohstoffe zusammengekarrt und dann, fein verteilt, wieder in die Welt verschickt. Was wir mit dieser Globalisierung der Stoffe anrichten, liegt jenseits unserer Vorstellungskraft. Wir wissen nicht, welche Wirkungen die neuen Metalllegierungen, die oft in nanokleinen Partikeln daherkommen, in der Biosphäre entfalten. Viele Metalle übernehmen als Spurenelemente wichtige Aufgaben im Organismus von Mensch und Pflanze. Sicher haben wir noch nicht alle entdeckt; und sicher werden auch die von Menschen gemachten, neuen Verbindungen – wie Indiumzinnoxid – Aufgaben übernehmen. Es fragt sich nur, welche.

Konsumenten und Hersteller verhalten sich, als ob es kein Morgen gäbe. Und kein Gestern. Denn gerade die Metalle erzählen uns leichtverständliche Geschichten über den richtigen Umgang mit ihnen. Seit Tausenden von Jahren benutzen Menschen Kupfer. Aber noch nie gebrauchten sie Kupfergegenstände in so großer Zahl für eine so kurze Zeit. Das rote Metall mahnt uns, seine Bestände für unsere Nachkommen verfügbar zu halten. Das lange unterschätzte und schließlich zu Ruhm gekommene Indium erzählt die Geschichte unentdeckter Möglichkeiten. Welche nützlichen Eigenschaften in uns bekannten oder noch unbekannten Materialien haben wir noch nicht entdeckt? Welche Ansprüche und Wünsche werden unsere Nachkommen entwickeln, die wir nicht einmal erahnen? Auch nach uns werden Menschen auf die Versorgung mit Metallen angewiesen sein, sie werden sie erforschen, gebrauchen und ihre Kultur und ihre Wirtschaft auf ihnen gründen. Seien wir fair: Halten wir ihnen alle Möglichkeiten offen.

7 Ein neues Kapitel ...

Wer bezahlt die Staatsschulden in Europa? Können wir den Euro retten? Wie bannen wir die Gefahren entfesselter Großbanken? Finanzen bestimmen die politische Agenda unserer Tage. Selbst die Energiewende, dieses in seiner Konsequenz weltweit einzigartige Projekt einer Industriegesellschaft, ist auf die Frage reduziert worden: Wer zahlt? Diese Frage ist wichtig, aber zu kurz. Unsere Welt ist zu vielgestaltig, ihre Zusammenhänge sind zu komplex, als dass Preise ihre Bestandteile ausreichend beschreiben könnten.

August 2011: Während der Schuldenkrise in Europa und den Vereinigten Staaten purzeln die Aktienkurse wild über die Anzeigetafeln der Börsen. Die Kurse für Rohstoffe verfallen, Kupfer, Aluminium, Nickel, Weizen, Mais und Reis »geraten unter Druck«. Die Anleger – besser noch: »die Märkte« – hätten das Vertrauen verloren, dass die Regierungen in Washington, Tokyo, Berlin, Paris und London die Finanzkrise befriedigend lösen könnten, berichten die Analysten. Weil sie ihr Vertrauen verloren hätten, verkauften sie etwa die Metalle oder die Ansprüche auf Metalle, die sie zuvor erworben hatten. Oder sie wetteten darauf, dass viele andere sie verkauften. Einige Rohstoffhändler, wie der so verschwiegene wie mächtige Konzern Glencore, taten sicherlich alles zugleich: An den Börsen Kontrakte über Weizen verkaufen, darauf wetten, dass er billiger wird – und im günstigsten Moment bei den Landwirten Getreide billig kaufen.

Nun haben sich die Regierungen in Europa und den USA über die Turbulenzen an den Rohstoffmärkten sichtlich erschreckt. Als nach dem Ende des Booms 2008 die Weltwirtschaft einbrach und die Kurse, vor allem auf den Märkten für Mais, Weizen und Reis, für Kupfer, Aluminium und Nickel nach oben jagten und wieder abstürzten, erkannten sie Handlungsbedarf. Sie haben den Handel mit Derivaten eingeschränkt, weitere Regulierungen von Banken und Börsen befinden sich im komplizierten europäischen Gesetzgebungsprozess.

Doch das Grundproblem hat sich nicht verändert: Egal, in welche Richtung die Kurse an den Börsen laufen: Die großen Rohstoffhäuser und die Investmentfonds verdienen immer. Ob von einem Stoff große Mengen verfügbar sind oder ob er eher knapp ist, spielt bei der Preisbildung natürlich eine Rolle. Aber nicht unbedingt die entscheidende. In den turbulenten Tagen, als im August 2011 die Börse verrücktspielte, hatte sich ja nicht die Nachfrage nach Nickel geändert, es waren keine Rekordernten von Raps oder Mais verkündet worden. Die Preisbewegungen spiegelten eine Erwartung derjenigen wider, die an den Börsen investieren. So geht das Spiel: Glauben (oder wünschen) die Anleger, dass die Preise für Getreide steigen, weil Regen die Ernte verdarb, verderben wird oder die Industrie viel davon benötigt, um Kunst- oder Kraftstoffe herzustellen, werden sie in Korn investieren. Und wenn sie an gar nichts glauben, in Gold. Durch die großen Mengen Geld, die Banken, Investment- und Hedgefonds bewegen können, verstärken sie Preisbewegungen. Das Getreide wird nicht teurer, sondern viel teurer. Und danach nicht günstiger, sondern spottbillig. Auf diese »Volatilitäten«, Schwankungen also, müssten sich Verbraucher, Unternehmen und Produzenten einstellen, lautet die lakonische Diagnose der Börsianer. Die Unsicherheit biete ja auch Chancen.

Dabei war es der Wunsch nach Sicherheit, der Bauern und Müller, Minenbetreiber und Stahlkocher dazu brachte, ihre Geschäfte an den Börsen abzuschließen. Die Börsen brachten

Verkäufer und Käufer zueinander, garantierten dem einen Kunden, dem anderen Ware – und beiden kalkulierbare Preise. Die waren ein ungefähres Abbild von Angebot und Nachfrage. In der Spekulationsblasenwirtschaft von heute erzählen die Preise kaum etwas über die Stoffe, dafür aber viel über die Urteilskraft und das Gemüt der Anleger. Die werden das Blei, Silber oder Schwein, das sie kaufen und verkaufen, in den allermeisten Fällen niemals zu Gesicht bekommen. Dieser Handel spielt im virtuellen Raum. Wer daran teilnimmt, braucht kaum Kenntnisse über die Stoffe, sondern viel Wissen über die Psychologie von Börsianern. Hier ignorieren die Preise für Getreide oder Metalle nicht nur den sozialen, ökonomischen und ökologischen Kontext ihrer Produktion, sondern gleich die Stoffe selbst. Trotzdem nimmt die digitale Anweisung zu ordern oder abzustoßen, im Sekundentakt von einem Computer errechnet, Einfluss auf die analoge Welt: Niedrige Preise können einen bäuerlichen Familienbetrieb in die Pleite stürzen – oder in eine Hungersnot, wenn er sich in einem armen Land befindet. Minenprojekte können auf Eis gelegt und Arbeiter entlassen werden, wenn die abgebauten Erze nicht die entsprechende Rendite bringen. Kaufentscheidungen in Chicago oder Paris beeinflussen die Existenz von Menschen in Peru oder Sambia.

Weltweit fließt das Kapital (durch die immer gleichen Hände), und weltweit strömen die Stoffe. Metalle und Holz, Getreide und Fleisch, Gas und Öl schippern über die Weltmeere, fließen durch Pipelines, sausen über Autobahnen von West nach Ost, Süd nach Nord. Und machen sich als Handy, Pullover oder Tierfutter erneut auf den Weg, mit unbekanntem Ziel. In einer Jeans vereinen sich mit Fasern aus Baumwolle und aus Erdöl, einem Knopf aus Kupfer und Zink und Farben aus Teer Materialien aus der ganzen Welt. Ähnlich ein Handy: Auch dort vereinen sich Metalle, Mineralien und organische

Kunststoffe, die zuvor quer über den Globus zum Ort der Montage transportiert wurden. Noch nie konnten wir so viele Stoffe so fein über den ganzen Globus verteilen wie heute. Noch nie stand der Menschheit so viel Energie zur Verfügung, dass sie sich selbst und die Waren aller Art pausenlos in Bewegung setzen konnte, zu Lande, zu Wasser und in der Luft. Nicht nur die Menschen sind mobil geworden, auch die Stoffe sind es. Bei so viel Bewegung fällt es schwer, den Überblick über die verschiedenen Handlungsstränge der Stoffgeschichten zu behalten.

Daher ist es wichtig, neue Darstellungsformen zu entwickeln, um die Rohstoffe beschreiben zu können: Die Naturwissenschaften sind aufgefordert, Kritikalitätskonzepte zu entwickeln, die über die technisch-ökonomischen Beschreibungen hinausgehen. In einem Text über Lavoisier wird festgestellt, die »Herkunft der Substanzen, die Häufigkeit ihres Vorkommens auf der Erde oder in der Luft interessierten den Chemiker nicht unmittelbar«.[30] Sein Universum liege nicht in der Natur. Nach 200 Jahren Forschung wissen wir, dass die so gewonnenen Erkenntnisse nicht ausreichen: Auf welchem Feld ist die Baumwolle gewachsen? Was wuchs vorher dort, was kann danach noch gedeihen? Welche Käfer konnten sich an der Baumwollpflanze laben, welche hat sie vergiftet? Wie viel Wasser hat sie verbraucht, und wo kam es her? Wer hat die Pflanze geerntet, unter welchen Bedingungen, für welchen Lohn?

Die Stoffe hinterlassen Spuren, ob wir sie wahrnehmen oder nicht. Auch in der anderen Richtung der Wertschöpfungskette. Leicht verlieren wir die Stoffe aus den Augen, wenn wir sie nicht mehr nutzen. Nach einigen Monaten, vielleicht zwei Jahren, befriedigen wir unser Bedürfnis nach Kommunikation mit einem neuen Mobiltelefon. Kunststoff, Platin, Gold, Silber, Lithium, Indium und Kupfer des alten wandern in eine Schublade oder landen nach der thermischen Behandlung in Schlackenbergen oder Filteraschenhaufen. Die winzigen Mengen der verwendeten Metalle, die zuvor Hunderttausende oder gar Millionen von Jahren im Erdboden verankert waren, werden durch ihre Nutzung in vielfältigsten Funktionen und Produkten auf dem Globus feinst verteilt und gehen somit für immer verloren. Diese Dissipation der Stoffe wird uns in den nächsten Jahrzehnten beschäftigen. Wir werden herausfinden müssen, wie wir auch kleine Mengen an Material in sinnvolle Kreisläufe überführen. Und welche Wirkungen die mobilisierten und dissipierten Stoffe entfalten.

Neoklassische wirtschaftliche Überlegungen kommen zum Schluss, dass dieser (kurzsichtige) Umgang mit Ressourcen erst dann geändert werden kann, wenn die Primärproduktion, also die Gewinnung der Bodenschätze, teurer als die Sekundärproduktion wird. Bislang interessieren sich die Ingenieure, Chemiker und Physiker in den Entwicklungsabteilungen der Unternehmen und Labors der Universitäten wenig für diesen Vorgang. Ihr Interesse richtet sich eher auf die Frage, welche Eigenschaften und damit Funktionen Materialien (oder neue Verbünde von Materialien) übernehmen können. Dahinter steht die Überzeugung, Stoffe ließen sich quasi hermetisch benutzen, ihr Weg und ihre Wirkungen ließen sich stets lenken und berechnen. Dieser Gedanke kommt zum Ausdruck, wenn in Kinderspielzeug aus Plastik bestimmte Gifte, wie Weichmacher, verboten werden. In Alltagsgegenständen wie Eimern oder Schlüsselanhängern sind sie aber erlaubt, mit dem Hinweis, diese Dinge seien nicht zum Spielen da. Nun braucht man kein Kleinkind zu sein, um zu verstehen, wie schön man auch mit einem Schlüsselbund, einem Eimer oder einem Spaghettilöffel spielen kann …

Dinge sind nicht *zu* etwas da, sie *sind* einfach da. Sie ernähren uns, kleiden uns, transportieren und unterhalten uns, sie machen unser Leben angenehm und bequem. Kupfer und Platin, Holz und Öl – daraus bauen wir unsere Häuser, schnitzen

Kunstwerke, gewinnen Energie. Kultur, Wissenschaft und Wirtschaft beruhen auf unserer Fähigkeit, uns Stoffe nutzbar zu machen. Sie können uns aber auch vergiften, uns die Lebensgrundlagen rauben und uns arm machen, je nachdem, wie wir mit ihnen umgehen, wie wir ihren Eigenschaften Achtung schenken, den uns nützlichen sowie den uns gegebenenfalls bedrohlichen. Wir müssen die Tragfähigkeit und Reparaturfähigkeit unseres »Weltraumschiffs Erde«[31] besser kennen, verstehen und nutzen lernen. Die von uns geschaffene Technosphäre und die mit ihr einhergehende verschwenderische Ressourcennutzung verändern die Vorgänge in Geosphäre und Biosphäre massiv. Wir tun gut daran, unsere Energieflüsse und Stoffströme möglichst effektiv in die natürlichen Stoff- und Energietransformationen zu integrieren.

Die Begriffe dafür sind »Carrying Capacity«, Resilienz und Suffizienz. »Carrying Capacity« beschreibt, wie viele Individuen ein Lebensraum tragen kann. Wie viele Menschen die Erde aushält, lässt sich indes nicht so leicht berechnen, wie die höchste Anzahl von Luchsen in einem Nationalpark; hängt diese Zahl doch stark vom menschlichen Lebensstil ab. Mit dem Begriff der Resilienz lässt sich die Widerstandsfähigkeit von Systemen gegen Störungen beschreiben. Unser globales und sich stetig weiter verdichtendes Welthandelssystem zeigt sich in nicht ausreichendem Maße resilient: Nachfrageeinbrüche in einer Weltregion führen zu Krisen in ganz anderen Gegenden. Und zu guter Letzt die Suffizienz, die uns nicht mehr lehren soll, als Maß zu halten. Das allerdings hat es in sich: Es geht, für uns in den Industriestaaten, durchaus nicht nur darum, anders zu konsumieren, sondern auch weniger. Wir stehen noch ganz am Anfang zu begreifen, wie sich das auf unsere Sozialsysteme, unsere Arbeitswelten und unser Freizeitverhalten auswirken wird.

Ein bewusster Umgang mit den Stoffen ist ratsam, einer, der ihre ganze lange Geschichte kennt. Bewusster Konsum erfordert Neugier, erfordert hartnäckiges, unbequemes Fragen: Müssen wir Computer besitzen, um im Internet zu surfen? Müssen wir Autos kaufen, um mobil sein zu können? Woraus bestehen die Waren, die wir kaufen? Welche Geschichten tragen sie in sich? Welche Zukunft werden sie prägen? Mit den Auskunftspflichten über gefährliche Stoffe, die die Europäische Union mit REACH der Industrie auferlegt hat, unterstützen die Regierungen den Konsumenten beim bewussten Konsum. Und drängen die Unternehmen – noch allzu sanft – dazu, bessere, gesündere Dinge herzustellen.

An den Unternehmen ist es, den Begriff der »Produktverantwortung« ernst und dabei die ganze Wertschöpfungskette in den Blick zu nehmen. Von sich aus werden sie das nicht leisten. Weil sie es in unserem zerstörerischen Wachstumsmodell als originäre Aufgabe ansehen, viel und vor allem immer mehr Geld zu verdienen, haben Konsumenten und Gesetzgeber nur gemeinsam die Chance, die Wirtschaft sozialer und gerechter zu gestalten, gerechter auch gegenüber unseren Nachkommen, den Menschen in den armen Ländern, aber auch gegenüber Tieren und Natur.

Der Politik obliegt es, in Kreisläufen zu denken: Die Welt stellt uns alle Ressourcen zur Verfügung, die wir brauchen. Wir können sie fröhlich gebrauchen. Aber so, dass wir sie danach zurückgeben können. Stoffströme von Plastiktüten, giftigen Chemikalien in Industrieprozessen oder Kupferkabeln können wir mit etwas Aufwand bilden. Wasser aber, Luft und Boden unterliegen eigenen Kreisläufen und Rhythmen, an die wir uns anpassen müssen, wenn wir überleben wollen. Dem Staat obliegt es auch, einen intelligenten Umgang mit Risiken zu organisieren, und nicht nur nachhaltige Techniken zu fördern, sondern auch sozialen Wandel zu begleiten und zu stützen, der zu einem Leben führt, das unsere Ressourcen schont, Konsistenz zwischen den verfügbaren Ressourcen und deren effizienter

Nutzung anstrebt und Lebensqualität nicht nur in der Befriedigung materieller Ansprüche findet.

Es ist ein alter Hut: Der Wandel des Lebensstils in den Entwicklungsländern stellt die Ressourcen der Welt vor eine Herausforderung, der sie nicht gewachsen sein werden. Bislang sind die Bewohner der reichen Industrienationen den Beweis schuldig geblieben, dass auch ein entschleunigtes Leben mit einem bewussten, nachhaltigen Konsum ein gutes, vielleicht ein besseres Leben sein kann. Denn es bereichert uns, wenn wir unseren Planeten mit einer Neugier entdecken, hinter der nicht immer gleich Habgier steht. Die Schweizer haben für Neugier ein schönes Wort: *Gwunder*. Dass wir *gwundrig* sind auf die Welt der Stoffe, dass wir staunen und uns wundern über ihre Fülle, das wäre ein guter Anfang für ein neues Kapitel in unserer gemeinsamen Geschichte.

Dank

Die Entstehungsgeschichte dieses Buches ist lang. Viele haben daran teilgehabt, mitgedacht, mitgeprägt. Ganz früh, als noch kein Wort zu Papier gebracht worden war, begannen die Diskussionen mit Günter Klar, Walter Schindler und vor allem auch Markus Huppenbauer über das Wesen und Wirken der Stoffe. Mit Jens Soentgen und Stephan Böschen entstanden erste Stoffgeschichtenkonzepte. Und dann wurden Stoffgeschichten gesammelt, komponiert, diskutiert und geschrieben, von Renate Diessenbacher, Simon Meissner, Claudia Schmidt, Andrea Thorenz, Thomas Bublies, Kathrin Oppitz, Ben Achzet, Irina Oswald, Volker Zepf, Petra Hutner, Armin Blöchlinger, Hanna Thalmann und Eva Wallner. Ihnen allen sei herzlich gedankt. Zu guter Letzt gebührt all den Studierenden, die in Seminaren das Sammeln, Interpretieren und Dokumentieren von Daten für Stoffgeschichten tatkräftig und hoch motiviert unterstützten, ein großes Lob und ein herzlicher Dank.

Anmerkungen

1   Rolf Peter Sieferle: »Sonne und Feuer – Energieregimes in historischer Perspektive«, in: Jens Soentgen, Armin Reller (Hrsg): CO_2. *Lebenselixier und Klimakiller*. S. 93ff

2   Hansjörg Küster: *Geschichte der Landschaft in Mitteleuropa. Von der Eiszeit bis zur Gegenwart*. München 2010, S.388

3   Siehe David R. Montgomery: *Dreck. Warum unsere Zivilisation den Boden unter den Füßen verliert*. München 2010

4   Ulrich Grober: *Die Entdeckung der Nachhaltigkeit. Kulturgeschichte eines Begriffs*. München 2010, S. 272

5   Isaac Asimov: *On Chemistry*. London 1975

6   Ekkehard Launer: *Zucker*. Göttingen 1998, S. 89

7   Henry Hobhouse: *Sechs Pflanzen verändern die Welt*. Stuttgart 2001, S. 68

8   Herbert Weber: *Fleisch, Fisch, Feinkost. Mikrobiologie der Lebensmittel*. Hamburg 2003

9   Dirk Asendorf: »Soja oder Klima«. *Die Zeit* Nr. 22, 26. Mai 2011, S. 42

10 C. F. Lewis, T. R. Richmond: »Cotton as a Crop«, in: Elliott et al. (Hg.): *Advances in Production and Utilization of Quality Cotton – Principles and Practices*. Ames 1968

11 Arnold Sauter: *Transgenes Saatgut in Entwicklungsländern – Erfahrungen, Herausforderungen, Perspektiven. Büro für Technikfolgen-Abschätzung beim Deutschen Bundestag* (TAB). TAB-Arbeitsbericht Nr. 128, Berlin 2008

12 Michael Krachler: *Schwermetalle in der Umwelt. Chemie in unserer Zeit*, Nr. 44. Weinheim 2010

13 Siehe auf der Website des BUND den Leitfaden für einen giftfreien Kindergarten: http://www.bund.net/fileadmin/bundnet/publi kationen/chemie/20100630_chemie_zukunft_ohne_gift_leitfa den.pdf

14 Armin Reller et al.: *Silicone – eine vollsynthetische Materialklasse macht Geschichte(n)*. Gaia Nr. 9, München 2000

15 Martina Erlemann, Jens Soentgen: Stoffgeschichte Titandioxid. http://riskcart.wzu.uni-augsburg.de/files/Geschichte%20Titan dioxid_Dateneingabe.pdf?PHPSESSID=859abf35762d7f6419642 3614299254a

16 Ulrich Fiedeler, René Fries: *Der Anteil der Begleitforschung zur Nano-technologie in Deutschland, Großbritannien und im EU-Forschungs-programm.* Nanotrust Dossiers des Instituts für Technikfolgen-Abschätzung der Österreichischen Akademie der Wissenschaften. Wien, März 2011

17 Zentrum für Transformation der Bundeswehr, Dezernat Zukunfts-analyse: *Peak Oil. Sicherheitspolitische Implikationen knapper Res-sourcen.* Strausberg 2010 sowie Internationale Energieagentur: *World Energy Outlook 2010*

18 Antje Neumann/Lydia Maria Schöppner: »Wessen Rohstoffe?« In: Stormy-Annika Mildner (Hg.): *Konfliktrisiko Rohstoffe? Herausfor-derungen und Chancen im Umgang mit knappen Ressourcen.* Berlin 2011, S. 209f

19 *Der Spiegel*, Nr. 37 vom 9.9.1991, S. 258-272

20 Katja Kraus et al.: *Aktuelle Bewertung des Einsatzes von Rapsöl/ RME im Vergleich zu Dieselkraftstoff.* Umweltbundesamt, Texte Nr. 79, 1999

21 Peter W. Atkins: *Im Reich der Elemente. Ein Reiseführer zu den Bau-steinen der Natur.* Heidelberg/Berlin 2000, S. 25

22 Benjamin Beutler: *Das weiße Gold der Zukunft. Bolivien und das Li-thium.* Berlin 2011

23 IFEU Institut für Energie- und Umweltforschung Heidelberg/Wup-pertal Institut für Klima, Umwelt, Energie: *Elektromobilität und Er-neuerbare Energien.* Heidelberg/Wuppertal 2007

24 Oekom e.V.: *Post-Oil City. Die Stadt von morgen.* März 2011, sowie »Verkehrspolitik«, in: *Aus Politik und Zeitgeschichte. Beilage zur Wo-chenzeitung Das Parlament.* Nr. 29-30/2007, Berlin Juli 2007

25 Gitta Lauster et al.: *Transparenz im Rohstoffhandel.* Stiftung Wis-senschaft und Politik, SWP-Aktuell, Berlin 2010

26 Raimund Bleischwitz: »Ein internationales Abkommen als Kern-element eines globalen Ressourcenmanagements«, in: *Globale Rohstoffpolitik. Herausforderungen für Sicherheit, Entwicklung und*

Umwelt. Baden-Baden 2009, S. 147 ff; Rat für Nachhaltige Entwicklung: *Nachhaltig aus der Krise.* Berlin 2009

27 Andrea Thorenz/Armin Reller: *Discussion of risks of platinum resources based on a function orientated criticality assessment.* Environmental Sciences Europe. Augsburg 2011

28 Bleischwitz (siehe Anmerkung 26), S. 154

29 Armin Reller, Referat auf dem NZZ-Podium vom 6. März 2008: »Rohstoffe – Schicksalsträger der europäischen Wirtschaft«

30 B. Bensaude-Vincent: »Lavoisier – Eine wissenschaftliche Revolution«, in: M. Serres (Ed.): *Elemente einer Geschichte der Wissenschaften,* Frankfurt am Main 1994, S. 645–685, S. 671

31 Siehe: Paul J. Crutzen et al: *Das Raumschiff Erde hat keinen Notausgang.* Berlin, 2011

Literatur

Isaac Asimov: *On Chemistry*, London 1975

Peter W. Atkins: *Im Reich der Elemente. Ein Reiseführer zu den Bausteinen der Natur,* Heidelberg/Berlin 2000

Benjamin Beutler: *Das weiße Gold der Zukunft. Bolivien und das Lithium,* Berlin 2011

Michael Braungart, William McDonough (Hg.): *Die nächste industrielle Revolution. Die Cradle to Cradle-Community,* Hamburg 2008

Raimund Bleischwitz, Florian Pfeil (Hg.): *Globale Rohstoffpolitik. Herausforderungen für Sicherheit, Entwicklung und Umwelt,* Baden-Baden 2009

Heinrich-Böll-Stiftung (et al.): *Fleischatlas. Daten und Fakten über Tiere als Nahrungsmittel,* Berlin 2013

Roger J. Busch (Hg.): *Nano(bio)technologie im öffentlichen Diskurs,* München 2008

Hans Carl von Carlowitz: *Sylvicultura oeconomica oder Hauswirthliche Nachricht und Naturmäßige Anweisung zur Wilden Baum-Zucht.* Herausgegeben von Joachim Hamberger, München 2013

Paul J. Crutzen, et al.: *Das Raumschiff Erde hat keinen Notausgang. Energie und Politik im Anthropozän,* Berlin 2011

Karen Duve: *Anständig essen,* Köln 2011

Marco d'Eramo: *Das Schwein und der Wolkenkratzer. Chicago: Eine Geschichte unserer Zukunft,* Hamburg 1998

Andreas Engelhardt: *Schwarzbuch Baumwolle. Was wir wirklich auf der Haut tragen,* Wien 2012

Jonathan Safran Foer: *Tiere essen,* Köln 2011

Ulrich Grober: *Die Entdeckung der Nachhaltigkeit. Kulturgeschichte eines Begriffs,* München 2010

Armin Grunwald: *Ende einer Illusion. Warum ökologisch korrekter Konsum die Umwelt nicht retten kann,* München 2012

Karl Otto Henseling: *Am Ende des fossilen Zeitalters. Alternativen zum Raubbau an den natürlichen Lebensgrundlagen,* München 2008

Hansjörg Küster: *Geschichte der Landschaft in Mitteleuropa. Von der Eiszeit bis zur Gegenwart,* 4. Auflage, München 2010

Wolfram Mauser: *Wie lange reicht die Ressource Wasser? Vom Umgang mit dem blauen Gold,* Lizenzausgabe der Bundeszentrale für politische Bildung, Bonn 2007

Stormy-Annika Mildner (Hg): *Konfliktrisiko Rohstoffe? Herausforderungen und Chancen mit knappen Ressourcen,* Studie der Stiftung Wissenschaft und Politik, Berlin 2011

David R. Montgomery: *Dreck. Warum unsere Zivilisation den Boden unter den Füßen verliert,* München 2010

Charles E. Mortimer, Ulrich Müller: *Chemie,* Stuttgart 2007

Samuel Müller: *Werbung gegen Realität,* Berlin 2008

Oekom e.V. – Verein für ökologische Kommunikation (Hg.): *Post-Oil-City. Die Stadt von morgen,* München 2011

Joachim Radkau: *Holz. Wie ein Naturstoff Geschichte schreibt,* München 2007

Peter H. Raven et al. (Hg.): *Biologie der Pflanzen,* Berlin/New York 2006

Ortwin Renn et al.: *Risiko. Über den gesellschaftlichen Umgang mit Unsicherheit,* München 2007

Fritz Scheffler, Paul Schachtschabel: *Lehrbuch für Bodenkunde,* Heidelberg 2009

Jens Soentgen, Armin Reller (Hg.): *CO_2. Lebenselixier und Klimakiller,* München 2009

Arnold Willmes: *Taschenbuch Chemische Substanzen,* Frankfurt 2007

256 Seiten
ISBN 978-3-86489-041-3
€ 12.99

»Ein empfehlenswertes Buch!«
Greenpeace

»Endlich alles in einem kleinen Buch. Mit Erläuterungen, Tipps, mit Ökobilanz. Unideologisch, praktisch, hilfreich, gut.«
Die Welt

Heute schon die Welt gerettet?
Die Welt zu retten kostet nicht viel – meist lässt sich sogar Geld sparen! Andreas Schlumberger zeigt anhand von fünfzig Bereichen, was jeder Einzelne tun kann. Ob im Haushalt, im Garten, auf Reisen oder beim Einkaufen – überall gibt es überraschend einfache Möglichkeiten, den eigenen Alltag umweltverträglicher zu gestalten und das Portemonnaie zu entlasten. Und das ohne großartigen Komfortverzicht und ohne am bisherigen Lebensstil zu rütteln.

INES POHL (HG.)

192 Seiten
ISBN 978-3-938060-34-6
€ 12.95

WESTEND · die tageszeitung

50 EINFACHE DINGE, DIE SIE TUN KÖNNEN, UM DIE GESELLSCHAFT ZU VERÄNDERN

»Wer das Buch liest, bekommt Lust auf Gesellschafts-, Klima-
und Sinneswandel.«
wienerzeitung.at

Heute schon die Welt verändert? Nimm die Dinge wieder
selbst in die Hand! In 50 Kapiteln beschreiben, empfehlen
und kommentieren die AutorInnen, was getan werden
kann, um die zivilgesellschaftliche, soziale und ökologische
Entwicklung voranzubringen und das Gemeinwohl wieder in
den Mittelpunkt zu stellen.

Arno Gahrmann

WIR
ARBEITEN
UND NICHT
DAS GELD

Wie wir unsere Wirtschaft wieder
lebenswert machen

WESTEND

224 Seiten
ISBN 978-3-86489-038-3
€ 17.99

Alle Vorstellungen einer menschlichen und ökologischen
Wirtschaft und die Erkenntnisse begrenzter Ressourcen
prallen ab an den ehernen ökonomischen Gesetzen von
Wachstum und gnadenlosem Wettbewerb. Gleichzeitig müssen
immer mehr Menschen einer belastenden oder unwürdigen
Arbeit nachgehen. Diesem katastrophalen Dilemma geht
dieses Buch mit kompetenter Innen- und engagierter
Außensicht auf den Grund. Wir alle, die Politik, Regionen,
die einzelnen Unternehmen und Käufer könnten durchaus
das Krebswachstum der Ökonomie herunterfahren und
austrocknen. Diese Wege sind zwar langsam und geschwungen,
dafür aber sicher und abwechslungsreich. Und sie erlauben
jedem, nicht nur den ökonomisch Fittesten, die Teilnahme an
einer der menschlichsten Formen des Seins, dem Arbeiten und
Wirtschaften.